Cover design by: Art Painter
Library of Congress Number: 00@1329
Printed in Italy

I0774990

CONTENTS

UN GRIDO INASCOLTATO

Massimo Staropoli

Contro la violenza
sulle Donne

In Memoria di
Giulia Cecchettin
e
di tutte le Giulie del mondo

EDIZIONI PRIME

SOMMARIO LIBRO:

1. Un libro per non dimenticare Giulia Cecchettin
   "Oltre la notte: La tragedia di Giulia"

2. Sotto lo stesso cielo
   " Le donne sono migliori"

3. "Resilienza di una donna"

4. Una storia di riscatto sociale
   "Rinascita di una Donna"

5. "Il Rispetto della Donna: Un'Analisi Socio-Culturale e Giuridica"

6. Donne alla ricerca di se

UN LIBRO PER NON DIMENTICARE

GIULIA CECCHETTIN

e tutte le
Giulie del Mondo

Nota dell'autore:

Mi rivolgo a voi lettori

con un misto di tristezza, rabbia e vergogna per quanto accaduto a Giulia Cecchettin, una giovane donna vittima di un tragico atto di violenza perpetrato dal suo ex fidanzato. Scrivo queste parole come autore, ma prima di tutto come uomo, consapevole della responsabilità collettiva che abbiamo nel plasmare la società in cui viviamo.

L'omicidio di Giulia rappresenta una ferita profonda nella nostra comunità, e mi sento in dovere di esprimere la mia indignazione nei confronti di chiunque commetta atti di violenza, specialmente all'interno di una relazione, un luogo in cui dovrebbe regnare l'amore e il rispetto reciproco.

Mi vergogno per il comportamento di quell'uomo che, pur dichiarando di amare Giulia, ha inflitto su di lei un destino così crudele. È essenziale che noi uomini ci dissociamo da tali atti, rifiutando categoricamente qualsiasi forma di violenza e abuso. Non possiamo e non dobbiamo restare in silenzio davanti a tragedie simili.

In questo momento di dolore, dedico le mie parole e il mio impegno a Giulia Cecchettin e a tutte le donne che, purtroppo, subiscono violenze simili. Come autore, cerco di utilizzare il potere delle parole per sensibilizzare e promuovere una cultura di rispetto, consapevolezza e solidarietà. Spero che il mio libro possa contribuire a sollevare domande importanti sulla società in cui viviamo e ispirare azioni che portano a un cambiamento positivo.

Invito voi, lettori, a riflettere su come possiamo collettivamente combattere la violenza di genere, supportare le vittime e lavorare insieme per creare un mondo in cui ogni persona possa vivere libera dalla paura e dall'oppressione.

Con profondo rammarico e speranza per un futuro migliore,

[Massimo staropoli Autore di: Un grido inascoltato - Contro le violenze sulle donne]

La vendita di questo libro e` a sostegno delle iniziative contro la violenza in memoria di Giulia Cecchettin e di tutte le Giulie del mondo

Gentili lettori e sostenitori,

Siamo lieti di annunciare che la vendita del libro [Un grido Inascoltato] contribuirà a sostenere l'iniziativa contro la violenza, in memoria di Giulia Cecchettin e di tutte le Giulie del mondo. L'autore/della casa editrice si impegna a devolvere una parte del ricavato dalla vendita del libro per sostenere progetti e organizzazioni onlus che lavorano attivamente per contrastare la violenza in tutte le sue forme.

Giulia Cecchetin, purtroppo, è diventata un simbolo delle vittime di violenza, e con questa iniziativa, intendiamo onorarne la memoria e contribuire concretamente a promuovere un cambiamento positivo nella società. La violenza è un problema diffuso che colpisce molte persone, e il nostro impegno è quello di utilizzare una parte dei proventi dalla vendita del libro per sostenere progetti mirati a prevenire e contrastare questa piaga sociale.

Invitiamo caldamente tutti coloro che condividono la nostra preoccupazione per la violenza a partecipare a questa iniziativa acquistando una copia del libro. Ogni contributo, attraverso l'acquisto del libro, si tradurrà in un sostegno concreto a iniziative che lavorano per la prevenzione e la sensibilizzazione contro la violenza.

Vi ringraziamo anticipatamente per il vostro sostegno e la vostra partecipazione a questa importante causa. Insieme possiamo fare la differenza e onorare la memoria di Giulia Cechetin e di tutte le Giulie del mondo.

Cordiali saluti,

[PRIME EDIZIONI info:+39 3381389677]

1. STORIA: OLTRE LA NOTTE

sommario:

1.L'Inizio dell'Incubo: Presentazione di Giulia, una giovane donna determinata a costruire il suo futuro.
- Introduzione di Filippo, il suo ex compagno, e dei primi segnali di comportamento problematico.

2.La Relazione Tossica:
- Approfondimento sulla relazione tra Giulia e Filippo, evidenziando la stalkerizzazione subita da Giulia dopo la rottura.
-I tentativi di Giulia di liberarsi dalla presa di Filippo.

3.Il Sabato Scomparso:
- Descrizione della notte fatale in cui Giulia e Filippo scompaiono misteriosamente.
-Intensificazione del dramma e dell'ansiSommario Capitoli
a della famiglia di Giulia.

4.Il Viaggio Allucinante:
-Narrazione del viaggio confuso di Filippo con il corpo di Giulia.
-Descrizione dei momenti di terrore vissuti da Giulia prima della sua tragica fine.

5.Il Nascondiglio Macabro:

-Filippo nasconde il corpo di Giulia in un dirupo nel bosco.
-La scoperta del corpo una settimana dopo e il trauma che ne consegue.

6.La Fuga in Germania:

-Filippo fugge in Germania per evitare la giustizia.
-La sua autostrada verso la fuga si interrompe in modo inaspettato.

7.Il Ritorno alla Giustizia:

-L'arresto di Filippo e il suo rimpatrio in Italia.
-La reazione sconvolta della comunità e la solidarietà per Giulia.

8.Il Processo e la Condanna :
-Il processo contro Filippo e la testimonianza dolorosa della famiglia di Giulia.   -La condanna all'ergastolo e la ricerca di giustizia.

9.La Vita Distrutta :
-L'impatto devastante della tragedia sulla famiglia di Giulia.
-Il dolore condiviso dalla comunità e la lotta per superare la perdita.

10.Oltre le Ombre :

-Riflessioni sulla violenza domestica e sulle relazioni tossiche.   -
-La memoria di Giulia vive oltre le ombre della tragedia, ispirando un appello
per un cambiamento sociale contro la violenza.

La Tragedia di Giulia

La storia di Giulia è un richiamo all'empatia, alla consapevolezza e all'azione. Attraverso la narrazione, speriamo di contribuire ad una maggiore comprensione del problema della violenza domestica e di incoraggiare la costruzione di comunità in cui l'amore e il rispetto reciproco siano al centro di ogni relazione.

Che questo racconto possa sensibilizzare e ispirare,

e che la memoria di Giulia possa essere onorata attraverso l'impegno collettivo per un mondo libero dalla violenza.

CAPITOLO 1: L'INIZIO DELL'INCUBO

Giulia era una giovane donna con gli occhi colmi di sogni e il cuore intriso di ambizioni. Al compimento dei suoi ventidue anni, si avvicinava al traguardo della laurea, un percorso che aveva intessuto con dedizione e passione. La sua vita, tuttavia, era segnata da un'ombra oscura che si allungava dall'angolo più nascosto del suo passato: Filippo.

Era stato un inizio fulgido per la loro relazione, una storia d'amore che sembrava dipingersi con i colori più vividi. Giulia, con il suo sorriso radioso, aveva catturato il cuore di Filippo, un giovane dal fascino enigmatico, si erano conosciuti all' universita`. Ma l'idillio romantico si era trasformato in un incubo insidioso quando Filippo aveva iniziato a mostrare i primi segni di possessività e controllo.

La giovane donna, nonostante l'amore che un tempo aveva nutrito per lui, aveva deciso di porre fine alla relazione, desiderando una vita libera da catene emotive e psicologiche. Filippo, tuttavia, non accettava la fine della loro storia. La sua ossessione per Giulia si era trasformata in stalkerizzazione, un'ombra inquietante che la perseguitava in ogni momento della sua giornata.

La notte del sabato era giunta, e Giulia aveva accettato l'invito per una serata fuori, perche gli faceva comunque pena, cercava di distogliere la mente dalle tensioni della sua ex vita sentimentale. Quella stessa sera, però, prese una piega inimmaginabile. Giulia e Filippo, si sa solo che erano stati a cena al centro commerciale dopo scomparvero nel buio della notte lasciando dietro di sé solo l'eco di un vuoto angosciante.

La famiglia di Giulia rimase in preda all'ansia e all'incertezza. Il telefono di Giulia era spento, i messaggi rimasero senza risposta. La speranza di una spiegazione plausibile si scontrava con la crescente paura che qualcosa di terribile stesse accadendo.

Nel silenzio della notte, Giulia si trovava prigioniera di un viaggio allucinante nelle mani di Filippo. Le strade si snodavano come sentieri tortuosi, il destino di Giulia oscillava tra l'ignoto e il terrore. Non poteva sapere che quel viaggio avrebbe portato alla sua fine tragica, un epilogo orribile a una relazione che avrebbe dovuto essere solo un capitolo del suo passato.

E così, nel buio di quella sera e poi della notte, si consumò il primo atto di una tragedia che avrebbe squarciato il tessuto della vita di Giulia e avrebbe segnato il destino di chiunque avesse incrociato il cammino di quei due cuori spezzati.

CAPITOLO 2: LA RELAZIONE TOSSICA

Il sole sorgeva timidamente nel cielo, ma la luce che avvolgeva la vita di Giulia era ormai offuscata da un'ombra crescente. Dopo aver intrapreso il difficile percorso della rottura con Filippo, Giulia si era trovata a confrontarsi con una forma di sofferenza che andava oltre il semplice dolore emotivo.

La relazione con Filippo, inizialmente dipinta dai colori vivaci dell'amore, aveva gradualmente assunto sfumature oscure. Filippo, affascinante e premuroso inizialmente, si era trasformato in un possessivo manipolatore. Le telefonate incessanti, i messaggi subdoli emotivamente ricattori e le apparizioni inaspettate avevano reso la vita di Giulia un labirinto di ansia e paura non sapeva piu ` come liberarsi, .

Le amiche di Giulia avevano notato il cambiamento nel suo comportamento. Un sorriso che una volta illuminava la sua vita si era un poco affievolito, sostituito da occhi che riflettevano l'angoscia di una prigioniera emotiva. Giulia, però, non aveva cercato di celare la verità anzi ne parlava anche con le amiche, ma per paura che Filippo si potesse far male o compier gesti autolesionisti non riusciva a staccarsi drasticamente da quest'uomo era convinta che aumentare l'estensione della sua sofferenza avrebbe solo complicato ulteriormente le cose.

La decisione di porre fine alla relazione era stata difficile, ma Giulia aveva sentito l'urgenza di liberarsi da catene invisibili.Voleva che Filippo sparisse dalla sua vita anche come amico,ma non poteva.. La libertà, tuttavia, era un lusso che Filippo non intendeva concederle. La fine della loro storia d'amore era diventata l'inizio di un incubo psicologico.

Filippo, incapace di accettare il rifiuto, aveva iniziato a

manifestare comportamenti sempre più invasivi. Forse si aggirava nei pressi della casa di Giulia come un'ombra, osservandola da lontano. Le sue parole erano diventate armi taglienti, proiettili di un amore distorto che si trasformava in un pericoloso gioco di controllo.

Nonostante la paura crescente, Giulia aveva cercato di mantenere un'apparenza di normalità. Aveva cambiato la routine quotidiana, cercando rifugio tra amici e familiari. Ma Filippo, come un predatore astuto, aveva continuato a tessere la sua rete di controllo intorno a lei.

La notte del sabato 11 novembre 2023, quella fatidica serata in cui Giulia e Filippo scomparvero, rappresentava il culmine di una storia d'amore diventata un incubo. Il viaggio iniziato apparentemente con una dolce promessa si era trasformato in una spirale discendente di terrore.

Nel buio di quella notte, il passato tormentato di Giulia e Filippo si intrecciava in un nodo avvolto dal destino. La relazione tossica che li aveva legati sembrava ora un filo spezzato, ma il suo ricordo avrebbe continuato a gettare un'ombra su tutto ciò che rimaneva di Giulia.

CAPITOLO 3: IL SABATO SCOMPARSO

Il sabato sera era caduto come un velo scuro sulla città, avvolgendo i suoi segreti e le sue ombre. Mentre Giulia si preparava per una serata con Filippo, un senso di pesantezza la pervadeva. Era determinata a dimenticare per qualche ora le catene emotive che Filippo aveva tessuto attorno a lei. Era arrivato il momento forse di fare due chiacchere definitive chiarire con Filppo che quella storia doveva finire ma lui non voleva accettere la fine, il rifiuto , l'abbandono.

Mentre la sera avanzava, Giulia si trovò tra se e suoi i pensieri, un istante, una pausa nella melodia risuonante del centro commerciale Gli occhi di Filippo la fissavano. L'atmosfera si trasformò in un peso insopportabile. Giulia e Filippo cominciarono a discutere, Giulia non ne voleva piu' sapere .

Quando arrivò il momento di lasciare il centro commerciale, Giulia e Filippo salirono sull'automobile una Fiat Grande punto nera. La serata, che sembrava una come tante , si trasformò in una corsa verso l'ignoto. Giulia e Filippo scomparvero, svanendo nella notte come fantasmi di un passato che li legava indissolubilmente.

La famiglia di Giulia, ignara del dramma che si stava svolgendo, cominciò a preoccuparsi quando non la videro rientrare e il telefono di Giulia era spento. Le chiamate furono seguite da messaggi il non sapere niente, creava un vuoto insopportabile nella vita di chiunque accomunasse Giulia. Il panico prese il sopravvento, e la speranza di una spiegazione razionale si scontrò con la paura crescente di qualcosa di terribile.

Nel buio di quella notte, Giulia si trovava nelle mani di Filippo, un viaggio senza meta definita, una deriva nelle tenebre della follia. Le strade si snodavano come fili di un destino ineluttabile. Le parole di Filippo erano un ronzio costante, un'eco di un amore malato che sfociava in un'ossessione pericolosa.

Il sabato si trasformò in un enigma da risolvere, un mistero che avrebbe gettato l'intera comunità in un turbinio di angoscia. Giulia, ignara del pericolo che le si avvicinava, intraprese quel tragico viaggio, inconsapevole del fatto che sarebbe stata l'ultima volta che avrebbe visto la luce di un nuovo giorno.

CAPITOLO 4: IL VIAGGIO ALLUCINANTE

La strada si snodava come un nastro d'asfalto, svelando paesaggi mutevoli mentre l'auto di Filippo si avventurava nell'oscurità della notte. Giulia, stretta tra la paura e l'incertezza, guardava fuori dal finestrino, cercando di decifrare il tragico enigma che si stava svelando di fronte a lei.

Il viaggio di Filippo era un labirinto di strade secondarie nascoste fra le fabbriche un percorso senza meta che rifletteva la confusione della sua mente tormentata. Le parole che pronunciava erano un flusso incoerente di emozioni, un mix allucinante di amore e rabbia, che Giulia cercava di decifrare senza successo.

Nel buio dell'abitacolo, Giulia poteva sentire il battito del suo cuore accelerare ogni volta che filippo gridava, . Era prigioniera di un viaggio senza fine, dove il terrore danzava con l'incertezza. Filippo, al volante, appariva come un uomo posseduto, controllato da forze oscure che lo spingevano verso l'abisso.

La voce di Filippo risonava nell'auto, un lamento di un amore distorto e ferito. "Non potevi lasciarmi," sussurrava, mentre il suo sguardo si perdeva nell'oscurità. Giulia, ancora incredula di trovarsi in quella situazione surreale, cercava di calmarlo, di ragionare con lui, ma le sue parole cadevano nel vuoto di una mente già compromessa.

Il viaggio si trasformava in un incubo vivente, con Giulia intrappolata tra le pareti di metallo dell'auto e la follia crescente di Filippo. Il terrore era palpabile, avvolgendo ogni momento con l'odore della paura. In un angolo della sua mente, Giulia sperava che qualcuno la notasse, che qualcuno avesse intuito l'orrore che si stava consumando lungo le strade oscure.

Mentre l'auto avanzava senza meta, la mente di Filippo si perdeva in un labirinto di delirio. Le sue parole oscillavano tra dichiarazioni d'amore ossessive e minacce miste a botte. Giulia non poteva scappare da Filippo ormai impazzito, la sua vita era appesa a un filo invisibile, vulnerabile al capriccio di una mente che aveva perso ogni contatto con la realtà.

Il viaggio allucinante continuava, e Giulia si aggrappava a ogni briciola di speranza che il destino potesse riservarle. Ma nel cuore della notte, un coltello attraverso il suo corpo piu' volte con una ferocia inaudita, il mostro si e' palesato in un istante, Giulia si difende con tutte le forze prova a scappare aprendo lo sportello ,corre ma il mostro la raggiunge e la colpisce ancora e ancora anche a calci, Giulia cade perde i sensi, il sangue scorre a terra insieme Giulia , il suono lontano della strada le macchine che passano purtroppo sono lontane, Filippo raccoglie il corpo che sembra incosciente lo rimette in auto e parte a folle velocita. Si stava consumando una tragedia immane in cui Giulia era una vittima impotente, intrappolata nelle spire di un uomo senza ' dignita' che una volta diceva di amarla e avrebbe dovuto proteggerla... si; ma da se stesso ... .

CAPITOLO 5: IL NASCONDIGLIO MACABRO

Le ore si trascinavano in un'atmosfera di terrore mentre l'auto di Filippo continuava il suo viaggio attraverso strade deserte dei boschi oscuri. Giulia, tremante e in fin di vita intrappolata nella prigione dell'auto, muore si spegne per sempre.

In una folle corsa verso il nulla, l'auto si fermò improvvisamente in un luogo isolato, circondato da alberi che si staccavano contro il cielo notturno. La luce del faro tagliava l'oscurità, rivelando l'ombra di un dirupo che si apriva nel bosco. Quel luogo remoto avrebbe assistito a un orrore inimmaginabile.

Filippo, gli occhi vitrei e il volto tormentato ,ormai borbottava da solo frasi senza senso, prese Giulia e la trascino` fuori dall'auto. La giovane donna ora morta si trovava in un luogo , circondato solo dal suono sinistro nell'oscurità di rami che si spezzavano e di passi sulle foglie secche calpestate.

Il bosco ora sembrava custodire un segreto oscuro, un luogo in cui la realtà si sarebbe svelava sotto una luce distorta.

Filippo, ha nascosto il corpo di Giulia in un dirupo nel bosco sempre più perso nella sua follia, iniziò a pronunciare parole senza senso.

Con gesti frenetici, cercò disperatamente di allontanarsi. . Il bosco sarebbe diventato il testimone silenzioso di una violenza indicibile.Il silenzio della notte, si mescolava con il suono dei rami che scricchiolavano sotto i passi frenetici di Filippo. Ogni colpo di coltello che aveva inferto alla povera Giulia gli risuonava nella testa come un grido di disperazione, un'eco di un amore ormai svanito che era sfociato in un abisso di violenza. Il dirupo, testimone muto, avrebbe custodito ancora per poco il segreto di un crimine passato alla storia.

La giovane donna, vittima di una follia che ha aveva superato ogni limite, scomparve nell'abisso, sotto un manto di oscurità.

Filippo, coperto di sudore e sporco di colpa, fissò il luogo del delitto. L'orrore della sua azione si rifletteva nei suoi occhi ormai vuoti, ma la realtà stava finalmente riemergendo dalle nebbie della sua mente distorta. Il bosco, che aveva assistito impassibile alla tragedia, avrebbe presto svelato il suo segreto macabro.

CAPITOLO 6: LA FUGA IN GERMANIA

Con il corpo senza vita di Giulia lasciato nell'abisso del bosco, Filippo rimase immobile per un momento, la realtà delle sue azioni che iniziava a farsi strada lo divorava attraverso la nebbia della sua mente distorta. Sporco di sangue e sporco nell'anima avrebbe voluto suicidarsi ma il coraggio e la vigliaccheria non lo permettevano, era la prova tangibile di un crimine che lo avrebbe segnato per sempre.

Il silenzio del bosco avvolse Filippo, ma il peso dell'orrore che aveva appena compiuto era opprimente. In un impeto di disperazione, si diresse verso la sua auto, il motore che ruggiva nel silenzio notturno. Con il cuore che batteva all'impazzata, Filippo iniziò la sua fuga, come se cercasse di sfuggire alla realtà che lo circondava.

Le strade si srotolavano sotto le ruote dell'auto, il paesaggio che cambiava rapidamente mentre si allontanava dal luogo del delitto. Il pensiero di ciò che aveva fatto era come un demone che lo tormentava, ma la fuga era la sua unica priorità. Il buio della notte avvolgeva la sua fuga come un mantello oscuro.

La sua fuga lo portò oltre i confini nazionali, attraverso confini invisibili che separavano le nazioni. Filippo guidò senza meta, incapace di sfuggire alla colpa che lo afferrava come un boia invisibile. La Germania, terra di confusione e sconforto, divenne il rifugio provvisorio di un uomo che portava con sé il peso di un crimine insostenibile.

Intanto le ricerche di Giulia e Filippo andavano avanti senza sosta l'immensa maccchina della protezione civile era al culmine, carabinieri polizia ,pompieri, sommozzatori,volontari e persino giornalisti erano tutti alla ricerca di Giulia., Un carabiniere con un cane molecolare purtroppo scopre in un dirupo il corpo senza vita di Giulia. Tutti rimangono male l'opinione pubblica e`sconvolta, tutti siamo sconvolti anche se col passare dei giorni in questa vicenda chiunque si era gia`fatto un opinione, un idea, una probabile fine , una triste verita`, la morte di Giulia purtroppo. Una storia gia vista troppe volte.

Sono passati diversi giorni, diverse notti ma il destino ha in serbo per Filippo una fine inaspettata. Mentre percorreva l'autostrada in Germania, la sua fuga incappò in un ostacolo inatteso. L'auto, che fino a quel momento aveva rappresentato la sua via di fuga, si fermò bruscamente, al buio priva di benzina, nella corsia di emergenza .

La fredda realtà della sua situazione lo colpì come un pugno nello stomaco. Era bloccato, intrappolato tra la colpa che portava con sé e la giustizia che, inesorabile, lo stava inseguendo. Le sirene della polizia risuonavano nella sua testa e nel silenzio dell'autostrada, avvicinandosi sempre di più.

La sua fuga aveva raggiunto la fine inevitabile. Filippo, ormai senza via di scampo, fu arrestato dalle autorità tedesche. La sua fuga, che aveva cercato di portarlo via dalla consapevolezza delle sue azioni, aveva invece trascinato il peso della giustizia sulla sua coscienza tormentata.

19 novembre 2023 – Filippo Turetta è stato catturato in Germania "stanco e rassegnato" e senza benzina ed è stato portato nel carcere di Lipsia in attesa dell'estradizione in Italia
La notizia della sua cattura si diffonde subito come un raggio di luce in una comunità ancora scossa dal dolore. La caccia all'uomo e' finita, ma la ricerca di giustizia per Giulia stava appena iniziando. Filippo sarebbe stato rimpatriato in Italia, dove avrebbe dovuto affrontare le conseguenze del suo orribile crimine.

CAPITOLO 7: IL RITORNO ALLA GIUSTIZIA

Il volo che riportava Filippo in Italia sembrava procedere lentamente, come se le nuvole stesse si opponevano alla sua discesa verso la terra che aveva testimoniato il suo crimine. Mentre l'aereo atterrava, l'aria stessa sembrava gravida di un senso di giustizia incombente.

Le autorità italiane attendevano Filippo all'aeroporto, pronte a mettere fine alla sua fuga ea iniziare il processo per l'orrendo crimine commesso contro Giulia. La notizia della sua cattura si era diffusa, scuotendo la comunità che continuava a piangere la perdita della giovane donna così tragicamente sottratta alla vita.

Il ritorno di Filippo in Italia non fu accolto dalla folla con urla di rabbia o vendetta, ma da un silenzio sconcertante e tanti giornalisti. L'atmosfera pesante di tristezza era tangibile, e il volto degli astanti rifletteva un misto di dolore e disgusto. Giulia, la giovane donna amata da tutti, era diventata una figlia della comunità, e la sua morte aveva generato un vuoto palpabile.

Il processo di Filippo sara' un'odissea attraverso la burocrazia legale, una danza tra la colpevolezza e la difesa. Le prove del suo crimine sono schiaccianti, un mosaico di orrore composto da testimonianze, prove forensi e la cruda realtà dei video di sorveglianza che mostrava il suo viaggio allucinante.

La famiglia di Giulia si presentera` in tribunale, il dolore ancora fresco nei loro occhi. I genitori, la sorella, i parenti, erano lì per Giulia, per far sentire la loro voce nel nome di chi non poteva più parlare. Ogni dettaglio del crimine veniva esaminato, ogni grido di Giulia diventava un'eco .

Il processo, seppur doloroso, e` un passo verso la giustizia. Filippo, incapace di sostenere lo sguardo dei presenti, ascoltera la sua condanna all'ergastolo con un'espressione vuota. La sua fuga, un tentativo disperato di sfuggire alla sua coscienza colpevole, si era conclusa in un bagno di giustizia terrena.

La comunità, seppur ancora ferita, trasse un sospiro di sollievo. La figura di Giulia, che durante la vicenda ha assunto una presenza quasi tangibile, divenutane un simbolo di resistenza contro la violenza e di richiesta di giustizia.

Il ritorno di Filippo in Italia segnò la fine di una tenebrosa odissea, ma per la famiglia di Giulia, la lotta per affrontare la sua assenza e per ricordare la sua luce e'appena cominciata. La comunità, stretta intorno a loro, promette di onorare la memoria di Giulia e di combattere contro ogni forma di violenza .

CAPITOLO 8 : IL PROCESSO E LA CONDANNA

Capitolo 8:

IL CAPITOLO 8

E'INVENTATO : Al momento della scrittura di questo capitolo ancora non e' stato svolto il funerale di Giulia che si terrra Martedi 5 dicembre a Padova. Anche il processo e ancora da fare, ma speriamo che la giustizia faccia il propio corso senza estitazione per una pena esemplare .

Capitolo8

Il tribunale era avvolto da un silenzio pesante quando Filippo, imponente nella sua colpevolezza, affrontò il giudizio della società. La sala era gremita di occhi scrutatori, la famiglia di Giulia sedeva al banco delle vittime, la tensione nell'aria palpabile. Il destino di Filippo era ora nelle mani della giustizia, che aveva il compito di pronunciare la sentenza per l'orribile crimine commesso.

Il processo fu un doloroso viaggio attraverso la cronologia dei fatti, una narrazione che si svelava con una crudele chiarezza. Testimoni raccontarono la storia di Giulia e della sua tragica fine, delineando il percorso tenebroso di una relazione che si era trasformata in un incubo. Le prove raccolte, dai messaggi minacciosi agli atti di stalkerizzazione, dipinsero il ritratto di una violenza che aveva culminato in un omicidio atroce.

La famiglia di Giulia ascoltava ogni testimonianza con coraggio, il dolore sul loro volto filtrava tra le lacrime contenute. I genitori stringevano le mani l'uno dell'altro, mentre la sorella di Giulia ascoltava con una determinazione silenziosa, desiderosa di far giustizia per la perdita insensata di sua sorella.

Filippo, seduto sul banco degli imputati, si trincerava dietro uno sguardo vuoto, come se il peso delle sue azioni non avesse ancora raggiunto la sua coscienza. La difesa cercò di tessere una tela di dubbi, cercando di ridurre l'impatto delle prove schiaccianti, ma il racconto della violenza perpetrata era così marcato che ogni tentativo sembrava vano.

Il video di sorveglianza del viaggio allucinante venne proiettato sulla parete della sala, trasformando l'atmosfera in un silenzio raccapricciante. Giulia, la sua paura, la sua disperazione, erano testimoni muti di un crimine che non poteva essere cancellato. La sala del tribunale era impregnata di un senso di tragedia, la consapevolezza che la giovane donna aveva perso la vita per mano di chi diceva di amarla.

Il verdetto, quando arrivò, risuonò come una sentenza di giustizia. Filippo fu dichiarato colpevole di omicidio, condannato all'ergastolo. La sala esplode in un sospiro collettivo, una miscela di sollievo e dolore. La giustizia, , era stata servita, ma Giuli a comunque vada non tornera piu'.

Il processo, se da un lato rappresentava la fine di un capitolo oscuro, dall'altro apriva la strada a una nuova fase del dolore per la famiglia di Giulia. La sentenza non poteva riportare in vita la giovane donna, ma rappresentava un passo verso il riconoscimento del suo diritto alla pace e alla giustizia. La comunità, unita nel ricordo di Giulia, si preparava ora a una lunga strada di guarigione, mentre il nome della giovane donna rimaneva impresso nei cuori di coloro che avevano giurato di non dimenticare.

CAPITOLO 9: LA RINASCITA

Dietro le porte del tribunale, la famiglia di Giulia cercava di fare i conti con il verdetto e la sentenza che avevano finalmente posto fine alla fuga di Filippo. L'ergastolo, seppur una forma di giustizia, non avrebbe mai potuto colmare il vuoto lasciato dalla giovane donna amata e perduta.

Le ferite della perdita di Giulia erano profonde, ma la sua memoria agiva come un faro di speranza. La comunità, unita nel dolore, si abbracciava in un impegno comune contro la violenza e l'abuso. Gruppi di supporto e iniziative di prevenzione della violenza vennero organizzati per onorare la memoria di Giulia e per cercare di prevenire che tragedie simili si ripetessero.

La famiglia di Giulia, in particolare la sua sorella Elena, divenne un pilastro di forza nel promuovere la consapevolezza e l'educazione su questioni legate alla violenza domestica. Il nome di Giulia diviene sinonimo di coraggio e resistenza, mentre la sua storia servira' contro l'indifferenza e la complicità di fronte agli abusi.

L'eredità di Giulia si diffonde attraverso iniziative di beneficenza, progetti di sensibilizzazione e fondi per sostenere le vittime di violenza domestica. La comunità si coalizza per cercare di trasformare il lutto in azione, creando una rete di sostegno per coloro che, come Giulia, avevano sofferto in silenzio.

Il ricordo di Giulia, sebbene doloroso, diviene una forza motrice per il cambiamento. La sua storia serve' a illuminare l'oscurità che circonda la violenza domestica, sollevando il velo dell'ignoranza e spingendo la società a confrontarsi con una realtà scomoda e spesso ignorata.

La vita continua , ma la storia di Giulia rimane incisa nella memoria collettiva. Il suo spirito, indomito e luminoso, sopravvive attraverso l'impegno costante per una società più giusta e compassionevole. Nelle menti e nei cuori di coloro che l'amavano, Giulia non sara' mai dimenticata. La sua storia deve essere' un un monito contro l'indifferenza una chiamata all'azione una speranza di cambiamento radicato nell'amore e nel ricordo di una giovane donna cheHa pagato il prezzo più alto .

CAPITOLO 10: IL CAMMINO VERSO LA GUARIGIONE

Il passare del tempo portera' con sé una serie di cambiamenti nella comunità che ha vissuto il dolore della perdita di Giulia. L'aspetto più tangibile di questa metamorfosi sara' rappresentato dalla nascita di progetti e organizzazioni dedicate alla prevenzione della violenza domestica e al supporto delle vittime.

Il nome di Giulia adorna le iniziative di beneficenza, le campagne di sensibilizzazione e le risorse messe a disposizione delle persone vulnerabili. Il suo ricordo deve agire come catalizzatore per una comunità che, pur avendo sperimentato la tragedia, ha deciso di non soccombere al buio della disperazione.

La sorella di Giulia, forte della sua determinazione, e' una voce prominente nella lotta contro la violenza domestica. Le conferenze, i seminari e gli incontri con le scuole possono diventare un mezzo per condividere la storia di Giulia e per educare gli altri su come riconoscere i segnali di una relazione tossica.

Le storie di sopravvissuti vengono ascoltate, le voci delle vittime ottengono ascolto. La comunità, una volta divisa dal lutto, si unìsce in un fronte comune contro l'abuso e la violenza. La guarigione, seppur lenta, si diffonde come un sottile raggio di luce, illuminando il cammino verso un futuro in cui nessuno avrebbe dovuto temere il proprio partner.

Le iniziative di prevenzione devono coinvolgere le scuole, educando i giovani sulle dinamiche delle relazioni e sull'importanza di riconoscere e affrontare la violenza. La consapevolezza si diffonde attraverso la società che, partendo da un piccolo nucleo di impegno, si trasforma in un movimento di cambiamento.

Mentre la comunità si trasforma, la famiglia di Giulia intraprende il proprio cammino verso la guarigione. La paura e il dolore rimangono, ma la consapevolezza che la storia di Giulia ha contribuito a generare un impatto positivo alimenta il desiderio di trovare un senso in quella tragedia.

La vita, con il suo incessante susseguirsi di giorni e notti, porta con se la promessa di un futuro diverso. La comunità di Giulia, inizia a guarire attraverso l'azione, onora il suo ricordo, creando un'eredità di amore e coraggio che deve resistere al passare del tempo.

E così, la storia di Giulia si intreccia con la trama più ampia della vita, diventando una lezione di resilienza, un monitoraggio contro l'indifferenza e un faro di speranza per chi cercava la forza di rompere le catene della violenza. La sua memoria, saldata nella consapevolezza collettiva, continua a ispirare un cambiamento che vorrebbe plasmare il futuro, aprendo le porte a un mondo in cui la violenza domestica non trovi più spazio.

La storia di Giulia è una testimonianza delle oscure realtà che molte persone affrontano nelle loro relazioni, e ciò che emerge è il bisogno cruciale di riconoscere, affrontare e combattere la violenza domestica. La sua storia, sebbene immaginaria, riflette la triste realtà di tante vittime, e ciò che ci spinge a riflettere profondamente sulla società in cui viviamo.

Attraverso le pagine di questo racconto, abbiamo esplorato la complessità delle dinamiche abusive, cercando di gettare luce su come le relazioni possono trasformarsi in incubi inimmaginabili. Tuttavia, la storia di Giulia è anche un richiamo alla speranza, alla forza della comunità e alla capacità di trasformare il dolore in azione positiva.

È essenziale riconoscere che la violenza domestica è un problema diffuso che richiede l'impegno di tutti. La prevenzione, la consapevolezza e il sostegno sono fondamentali per rompere il ciclo di abusi e per offrire un rifugio sicuro a coloro che non sono vittime. Ognuno di noi ha il potere di fare la differenza nel riconoscere i segnali di pericolo, nel sostenere chi ha bisogno di aiuto e nel lavorare insieme per creare una società in cui la violenza domestica non trova spazio.

La storia di Giulia è dedicata a tutte le vittime di violenza domestica e alle persone che lavorano istantaneamente per porre fine a questa piaga sociale. Speriamo che questa narrazione possa essere uno stimolo alla riflessione e un invito all'azione, incoraggiando una maggiore empatia e consapevolezza sulle dinamiche delle relazioni abusive.

Insieme, possiamo contribuire a creare un mondo in cui ogni individuo possa vivere senza il timore della violenza, un mondo in cui l'amore, il rispetto e la comprensione reciproca siano al centro delle nostre interazioni. La storia di Giulia ci ricorda che, anche nelle situazioni più buie, c'è la possibilità di un cambiamento positivo, e che la luce può emergere quando ci impegniamo insieme per porre fine alla violenza domestica.

UNA PREGHIERA PER GIULIA CECCHETTIN:

Dio misericordioso, rivolgiamo a Te il nostro cuore gravato dal dolore mentre pensiamo a Giulia Cecchettin, una giovane anima che è stata portata via troppo presto a causa della violenza. Ti chiediamo, Signore, di avvolgere Giulia nel tuo amore eterno e di donarle la pace che la Terra non le ha potuto garantire.

Preghiamo per la famiglia e gli amici di Giulia, che hanno conosciuto l'amore e la luce della sua presenza. Concedi loro la forza di affrontare questo periodo di lutto e di trovare conforto nei ricordi dei momenti felici condivisi con Giulia.

Guarda, o Dio, su coloro che soffrono a causa della violenza domestica. Illumina i cuori delle persone per riconoscere e contrastare l'abuso nelle relazioni. Ispira azioni che possono trasformare il dolore di Giulia in un impegno concreto per prevenire la violenza e sostenere coloro che ne sono vittime.

Concedici la forza di costruire una società in cui ogni individuo possa vivere senza il timore della violenza, dove l'amore e il rispetto reciproco siano fondamentali. Dona la tua guida a coloro che lavorano per porre fine alla violenza domestica e sostieni le iniziative che cercano di creare un mondo più giusto e compassionevole.

Accogli, o Dio, Giulia Cecchettin tra le tue braccia amorose e infondi il tuo conforto celeste a coloro che piangono la sua perdita. Possa il suo spirito trovare serenità nell'eternità, e lasciare che coloro che sono stati toccati dalla sua storia si impegnino per un futuro privo di violenza.

Con fiducia e speranza, affidiamo a Te le nostre preghiere, sapendo che sei il Dio della giustizia e della misericordia. Amen.

Un monito per tutte le donne:

Cara giovane donna,

In queste parole, vorrei condividere con te un monito e un invito all'attenzione e all'azione. Viviamo in un mondo complesso, e talvolta le relazioni possono celare ombre insidiose. È importante che tu sia consapevole delle avvisaglie di comportamenti potenzialmente dannosi e che tu sappia come proteggere te stesso.

Prima di tutto, ascolta il tuo istinto. Se qualcosa ti sembra fuori posto o ti fa sentire un disagio, prendi sul serio quei sentimenti. Non minimizzare mai la tua intuizione. Se non noti cambiamenti nei comportamenti di chi ti circonda, specialmente in una relazione romantica, presta attenzione a questi segnali e non esitare a chiedere aiuto.Ricorda che il supporto è fondamentale. Parla con le persone di fiducia nella tua vita: amici, familiari, insegnanti o consulenti. Esprimi i tuoi pensieri e le tue preoccupazioni. Non sei sola, e ci sono risorse e aiuti disponibili per te. Aprire un dialogo può essere il primo passo per trovare supporto e protezione.

Non abbassare mai la guardia sulla tua sicurezza. Se ti trovi in una situazione pericolosa, cerca aiuto immediato. Rivolgiti a organizzazioni locali, linee telefoniche di emergenza o alle forze dell'ordine. La tua sicurezza è la priorità, e ci sono persone pronte ad aiutarti.

E, infine, sappi che meriti amore, rispetto e felicità in ogni relazione. Non accontentarti di meno. Se qualcuno cerca di controllarti, manipolarti o farti del male, non esitare ad allontanarti da quella situazione. La tua dignità e il tuo benessere sono la cosa più importante.

Che tu sia giovane o meno giovane, le parole di questo monito sono rivolte a tutte le donne. La consapevolezza e la forza collettiva possono essere strumenti potenti contro la violenza e l'abuso. Insieme, possiamo costruire un mondo in cui ogni donna si sente sicura, rispettata e libera di vivere la sua vita senza timore.

Sii forte, fidati del tuo istinto e parla quando ne hai bisogno. Il tuo benessere è importante, e ci sono persone pronte ad ascoltarti e sostenerti.

[Massimo staropoli]

2. STORIA : SOTTO LO STESSO CIELO; LE DONNE SONO MIGLIORI

Sommmario capitoli 2. storia:

Capitolo 1:Il respiro della citta`

In una città moderna e frenetica, dove il rumore delle ambizioni si confonde con il frastuono della vita quotidiana, un gruppo di donne si trova al centro di una trama avvincente. Le loro storie si intrecciano come fili invisibili, creando un quadro ricco di emozioni, sfide e trionfi.

Il romanzo inizia con il ritratto di Elena, una donna determinata e appassionata, che si destreggia tra il lavoro nella sua impresa di tecnologica e le sfide della vita familiare. Nonostante le pressioni sociali e le aspettative, Elena cerca di dimostrare che le donne possono eccellere in qualsiasi campo.

Capitolo 2: Tra legalita` e Giustizia

Nel cuore della trama, troviamo anche Giulia, una giovane avvocatessa impegnata nella difesa dei diritti delle donne. Attraverso il suo lavoro, Giulia scopre il coraggio e la resilienza di molte donne che affrontano discriminazioni e ingiustizie. Il romanzo esplora la forza dei legami femminili, evidenziando come l'unione tra donne possa superare ogni ostacolo.

Capitolo 3: Radici profonde

Man mano che la storia si sviluppa, emergono i riflessi del passato di Marta, una donna matura che ha affrontato sfide straordinarie nel corso della sua vita. Marta diventa un faro di saggezza per le generazioni più giovani, dimostrando che l'esperienza e la determinazione possono superare ogni ostacolo.

Capitolo 4: Intrecci del passato

Il romanzo esplora anche la vita di Clara, un'anima gentile che dedica la sua esistenza a opere di beneficenza. Attraverso il suo impegno, Clara dimostra che la compassione e l'altruismo possono essere forze trasformative, influenzando positivamente la vita di coloro che la circondano.

Capitolo 5: Intrecci del destino

Il climax del romanzo arriva quando queste donne straordinarie si uniscono per affrontare una sfida comune, dimostrando che la forza delle donne non risiede solo nella loro individualità, ma anche nella capacità di collaborare per realizzare un cambiamento significativo.

Epilogo:

"Sotto lo stesso cielo" Le donne son migliori è una storia avvincente di determinazione, amore, e potere femminile. Attraverso le vite intrecciate di queste donne straordinarie, il romanzo sfida gli stereotipi di genere e celebra la forza, l'intelligenza e la resilienza delle donne contemporanee.

In questo romanzo, si esplorano le sfide e le vittorie delle donne nel contesto moderno, evidenziando come la forza delle donne risieda nella loro diversità e capacità di superare gli ostacoli insieme.

1. CAPITOLO: IL RESPIRO DELLA CITTA'

l Respiro della Città

Il sole sorgeva lentamente sulla città, tingendo il cielo di sfumature arancioni e rosa. Mentre il mondo si svegliava, un'energia palpabile permeava l'aria, carica di aspettative e promesse. Elena si trovava sul balcone del suo appartamento, scrutando il panorama urbano che si stendeva di fronte a lei. La città pulsava di vita, un intricato mosaico di opportunità e sfide.

La trentenne dai capelli scuri, con occhi che riflettevano una determinazione incrollabile, si preparava per affrontare un'altra giornata nella sua impresa sulla tecnologia. Essere una donna in un settore tradizionalmente dominato dagli uomini non era facile, ma Elena aveva imparato a trasformare ogni sfida in un'opportunità.

Indossò il suo completo grigio impeccabile e, con un sorriso deciso sul volto, scese le scale dell'appartamento. Mentre camminava per le strade trafficate della città, sentiva la vibrante energia che risuonava in ogni passo. La sua mente era focalizzata su progetti innovativi e ambizioni ardite, eppure, nel profondo del suo cuore, Elena non poteva ignorare il peso delle aspettative sociali.

La sua famiglia, pur sostenendola, non poteva evitare di esprimere preoccupazioni per il suo impegno totale nel lavoro. "Quando troverai il tempo per te stessa?" le chiedeva sua madre, con un'espressione di affetto e preoccupazione. Ma Elena sapeva che la sua dedizione era più di un semplice impegno lavorativo; era una dimostrazione di ciò che le donne potevano raggiungere quando si alzavano al di sopra delle aspettative.

L'ufficio, un grattacielo di vetro e acciaio che si stagliava contro il cielo azzurro, era il suo regno. Non c'era sfida troppo grande, nessun progetto troppo complesso. Elena aveva imparato a utilizzare il suo intuito femminile per navigare tra le acque del business, dimostrando che il successo non aveva genere.

Durante la riunione del mattino, mentre discuteva con il suo team, Elena rifletteva sulla sua crescita professionale. Ricordò gli sguardi scettici che aveva ricevuto all'inizio della sua carriera e sorrise pensando a quanto avesse dimostrato loro che il suo posto non era solo al tavolo, ma anche alla testa della tavola.

Ma, nonostante il successo sul fronte professionale, il cuore di Elena era diviso. La sua vita personale e le relazioni affettive erano diventate sempre più complesse. La società moderna sembrava ancora struggersi nell'accettare una donna di successo come partner, e questo dilemma pesava sulle sue spalle come un'ombra persistente.

Sotto lo stesso cielo le donne sono migliori

Quella sera, mentre osservava il tramonto dalla finestra del suo appartamento, Elena si chiese se la strada che aveva scelto era veramente la sua unica opzione. C'era un senso di solitudine che la accompagnava, una sensazione che forse le donne come lei, determinate e ambiziose, erano destinate a camminare da sole. Tuttavia, nel fondo del suo cuore, Elena sapeva che il percorso che stava tracciando avrebbe aperto la strada per altre donne, dimostrando che il cielo era il limite solo se si sceglieva di fermarsi.

2. CAPITOLO: TRA LEGALITA' E GIUSTIZIA

Tra Legalità e Giustizia

Mentre Elena navigava tra le sfide del suo mondo tecnologico, in un altro angolo della città, Giulia affrontava i labirinti del sistema legale con una grinta indomabile. Avvocato specializzato nei diritti delle donne, Giulia aveva fatto della sua vita una missione per difendere coloro che non potevano farlo da sole.

I suoi giorni erano una serie frenetica di udienze, incontri con clienti e battaglie legali. Giulia credeva che la giustizia dovesse essere un faro che illuminasse il cammino di chiunque ne avesse bisogno, specialmente per le donne che si trovavano ad affrontare discriminazioni e violenze.

Il suo ufficio, un rifugio di libri giuridici e documenti legali, era il campo di battaglia in cui combatteva ogni giorno. Nelle aule di tribunale, con una fermezza appassionata, metteva in discussione le norme ingiuste e lottava per creare precedenti che potevano proteggere le donne e garantire loro una parità reale.

Giulia era una presenza forte e assertiva, ma dietro la sua facciata decisa si celava una donna che sentiva profondamente il peso delle storie che portava con sé. Ogni caso, ogni cliente, portava con sé una parte della sua anima. La sua forza non derivava solo dalla legge, ma anche dalla compassione, dall'empatia che provava per le donne che cercavano la sua guida.

Tra un'udienza e l'altra, Giulia si sforzava di trovare un equilibrio tra il suo impegno professionale e la sua vita personale. La solitudine della sua casa sembrava intensificare la mancanza di relazioni significative, ma Giulia sapeva che la sua vocazione richiedeva un sacrificio. Tuttavia, quando si guardava allo specchio, vedeva nei suoi occhi la speranza di un cambiamento, la convinzione che il suo lavoro avrebbe lasciato un'impronta indelebile sulla società.

Una sera, dopo una lunga giornata di udienze, Giulia si troverà a passeggiare lungo le strade illuminate della città. L'aria fresca della sera la rinvigorì, e mentre guardava il cielo stellato, si chiese se la sua battaglia avrebbe mai avuto un termine. Tuttavia, il pensiero di lasciare indietro una società più giusta per le donne la spronava a continuare la sua missione.

Il capitolo si chiude con Giulia che, prima di rientrare nel suo ufficio, osserva il profilo della città e riflette sulla strada intrapresa. La lotta per la giustizia delle donne era un viaggio senza fine, ma era un viaggio che Giulia si sentiva pronta a compiere, consapevole che il cambiamento inizia con un singolo passo, con una sola voce che si alza contro l'ingiustizia.

3. CAPITOLO: RADICI PROFONDE

Radici Profonde

Mentre le storie di Elena e Giulia si dipanavano attraverso la trama cittadina, Marta, una donna maturazione di profonda saggezza, occupava un posto tranquillo nel cuore della vicina comunità. La sua vita era un intreccio di esperienze, un arazzo di gioie e dolori che avevano contribuito a plasmare la sua visione del mondo.

Marta, con i capelli grigi e gli occhi penetranti, gestisce una piccola libreria nel quartiere. Il suo negozio era un rifugio di tranquillità, un luogo dove le parole danzavano tra gli scaffali e le storie si svelavano con ogni pagina girata. Era una custode di storie, una narratrice delle esperienze umane.

La libreria di Marta non era solo un luogo di commercio; era un punto di incontro per la comunità. Donne di ogni età si riunivano nei suoi spazi accoglienti per discutere libri, condividere pensieri e cercare consigli. Marta aveva la capacità unica di far sentire ogni persona importante, di creare un senso di appartenenza.

La sua vita, però, era intessuta di segreti e di una profondità che pochi conoscevano. Aveva vissuto attraverso epoche di cambiamento sociale, lottando per essere riconosciuta e rispettata in un mondo che spesso sottovalutava il contributo delle donne. Le sue storie di resistenza e di successi silenziosi facevano eco tra le pareti della libreria, ispirando le giovani donne a guardare oltre le sfide quotidiane.

Marta era una mentore informale, una guida che mostrava alle donne che la forza poteva essere tratta non solo dall'ambizione e dalla lotta, ma anche dalla connessione tra generazioni. Con una tazza di tè fumante tra le mani, Marta raccontava storie di donne coraggiose che avevano lasciato un'impronta indelebile sulla storia, dimostrando che le radici profonde della forza femminile erano il fondamento di ogni successo.

Nelle serate tranquille della sua libreria, Marta si sedeva in silenzio a riflettere sulle donne che aveva conosciuto nel corso degli anni. C'erano tracce di Elena e Giulia in ognuna di loro, eppure, ogni donna portava con sé una storia unica, una prospettiva diversa. Marta credeva nel potere della diversità, nel fatto che ogni donna poteva contribuire in modo unico al tessuto della società.

Il capitolo si chiude con Marta chiudendo la libreria, guardando fuori dalla vetrina e sorridendo alla città che si stendeva di fronte a lei. Le strade erano illuminate dalla luce soffusa dei lampioni, e Marta sapeva che il suo ruolo nella comunità era solo l'inizio di un'infinita catena di storie da raccontare e da condividere.

4. CAPITOLO: INTRECCI DEL PASSATO

Intrecci del Passato

Nel cuore della trama, emergevano gli intrecci intricati del passato che legavano le storie di Elena, Giulia e Marta. Il capitolo "Intrecci del Passato" ci porta indietro nel tempo, svelando segreti sepolti e connessioni profonde che hanno plasmato il destino di queste donne straordinarie.

Si scopre che Elena, nonostante la sua immagine di donna moderna e indipendente, aveva radici che affondavano nel passato di sua madre. La figura di sua nonna, una donna che aveva lottato per l'istruzione e l'indipendenza in un'epoca in cui le opportunità per le donne erano limitate, emerge come un faro di ispirazione per Elena. La determinazione e la forza della nonna erano radicate nel DNA di Elena, influenzando silenziosamente le sue scelte e la sua visione del mondo.

Giulia, d'altra parte, aveva lungamente scoperto che la sua famiglia aveva una tradizione di donne impegnate nella lotta per i diritti. Suo padre, avvocato per i diritti civili, aveva guidato la famiglia lungo un percorso di impegno sociale. La storia di sua madre, una donna che aveva sfidato le convenzioni per promuovere la sua carriera, si rivelava come un altro capitolo nella saga familiare di resistenza e coraggio.

Marta, la custode delle storie nella sua libreria, aveva anch'essa un passato intricato. Le pagine ingiallite degli album fotografici narravano di un'epoca in cui Marta stessa era una giovane donna sognante, desiderosa di cambiare il mondo. Attraverso gli alti e bassi della sua vita, Marta aveva imparato che il passato era un compagno fedele, sempre presente per insegnare e guidare le generazioni successive.

Questo capitolo rivela che le donne protagoniste, pur provenendo da contesti diversi, condividevano una eredità di forza e determinazione. Gli intrecci del passato si dipanano come fili invisibili, collegando le generazioni e creando una trama che esalta la continuità della lotta femminile attraverso il tempo.

Il capitolo si conclude con le protagoniste che prendono consapevolezza delle loro radici comuni. Insieme, decidono di onorare il passato abbracciando il presente e guardando fiduciosamente verso il futuro. La consapevolezza della loro eredità diventa un catalizzatore per affrontare le sfide attuali con una determinazione rinnovata, poiché capiscono che sono le custodi di una storia che continua ad evolversi attraverso di loro.

5. CAPITOLO: INTRECCI DEL DESTINO

Intrecci del Destino

Le storie di Elena, Giulia, Marta e Clara, come fili sottili tessuti dal destino, si intrecciavano sempre più strettamente nel grande arazzo della città. Mentre ognuna di loro percorreva il proprio cammino, il destino stava preparando un incontro che avrebbe cambiato il corso delle loro vite.

Un evento di beneficenza organizzato da Clara avrebbe riunito queste donne straordinarie, ciascuna portando con sé la propria storia, determinazione e visione unica. L'evento, pensato per sensibilizzare sulla violenza di genere e raccogliere fondi per i progetti di Clara, avrebbe portato le loro strade ad incrociarsi in modi imprevisti.

La sera dell'evento, l'atmosfera scintillante del salone allestito per l'occasione era permeata di emozione e aspettative. Donne di diversa estrazione sociale, provenienti da ogni angolo della città, si erano riunite per sostenere una causa comune. Elena, Giulia, Marta e Clara, ognuna nel proprio ruolo, stavano per scoprire quanto potesse essere potente l'unione delle forze femminili.

Mentre Elena camminava tra gli ospiti, scorgendo volti noti e sconosciuti, le risate di Clara risuonavano nell'aria, creando un'atmosfera di calore e condivisione. Giulia, con il suo abito elegante, si preparava a tenere un discorso sulla necessità di una maggiore consapevolezza nei confronti della violenza di genere, mentre Marta osservava con occhi pieni di saggezza, pronta a condividere la sua esperienza con chiunque volesse ascoltare.

L'incontro tra queste donne fu più di un semplice evento sociale; fu l'incipit di una connessione profonda. Le loro storie si intrecciavano, rivelando paralleli sorprendenti e punti in comune che andavano al di là delle differenze superficiali.

Durante il discorso di Giulia, le parole che pronunciò risuonarono nelle menti delle donne presenti, ispirando riflessioni profonde. Marta condivide le sue esperienze, offrendo una prospettiva che attraversava generazioni. Clara, nel suo discorso, sottolineò l'importanza di agire concretamente per creare un cambiamento duraturo.

La sera si concluse con un sentimento di solidarietà tra queste donne, un senso di potenza collettiva che avrebbe continuato a crescere. Il destino aveva intrecciato i loro percorsi, dimostrando che, insieme, le donne erano in grado di superare le sfide, cambiare le prospettive e plasmare il futuro.

Il capitolo si chiude con Elena, Giulia, Marta e Clara che, dopo l'evento, si ritrovano a parlare nel tranquillo cortile di Clara. La luna brillava nel cielo notturno, e il legame tra loro si rafforzava, promettendo nuove avventure e scoperte mentre affrontavano insieme il futuro.

Sotto lo stesso cielo le donne sono migliori

6. CAPITOLO: EPILOGO

Il destino aveva tessuto una trama intricata, intrecciando le vite di Elena, Giulia, Marta e Clara in un racconto che celebrava la forza, la resilienza e l'altruismo delle donne. Dopo l'evento di beneficenza, le loro vite continuarono ad intrecciarsi in modi inaspettati, creando una rete di sostegno che si estendeva oltre i confini della città.

Elena, ispirata dall'esperienza, ha deciso di avviare programmi di mentorship per giovani donne nell'ambito tecnologico, cercando di abbattere le barriere di genere e aprire nuove opportunità. La sua impresa ha fatto un faro di innovazione e inclusività.

Giulia continuava la sua battaglia legale, ma ora aveva un'alleata inaspettata in Elena. Insieme, affrontarono casi significativi, stabilendo nuovi precedenti e contribuendo a creare un sistema legale più equo per tutte le donne.

Marta ha condiviso le sue storie non solo nella libreria, ma attraverso podcast e incontri nella comunità. La sua saggezza divenne una risorsa per donne di ogni età, insegnando che il passato poteva illuminare il futuro.

Clara, infaticabile nella sua missione di altruismo, vide crescere il supporto per le sue iniziative benefiche. Le donne che aveva aiutato diventarono a loro volta agenti di cambiamento, diffondendo la gentilezza e la solidarietà nelle loro comunità.

Il legame tra queste donne, nato dall'incontro casuale di destini, si rivelò essere la forza che alimentava il loro impegno individuale. Si ritrovavano regolarmente, condividendo storie, risate e consigli. Nel cuore della città, il loro legame simboleggiava la potenza dell'unità femminile.

Oltre le stelle, le donne continuano a lasciare il segno nella storia della città. Ogni conquista, ogni sfida superata, contribuirà a un cambiamento collettivo. Nel tessuto sociale, le loro storie rimasero come una testimonianza di ciò che poteva essere raggiunto quando le donne si sostenevano a vicenda.

Il romanzo si conclude con una visione del futuro, un futuro in cui il potere delle donne era riconosciuto e celebrato. Nel loro viaggio oltre le stelle, Elena, Giulia, Marta e Clara avevano aperto la strada per molte altre donne, dimostrando che, insieme, potevano illuminare il cammino verso un domani più luminoso.

3. STORIA : RESILIENZA DI UNA DONNA

SOMMARIO capitoli:

Capitolo 1: La Maschera dell'Amore: Sofia, una giovane donna dall'animo gentile, si innamora perdutamente di Marco. All'inizio, sembra l'uomo dei sogni, ma presto le sue attenzioni si trasformano in una stretta malsana. La maschera dell'amore inizia a scivolare via, rivelando il lato oscuro di Marco.

Capitolo 2: Le Catene Invisibili: La violenza diventa un compagno costante nella vita di Sofia. Le catene dell'abuso la tengono prigioniera, rendendola vulnerabile e spezzando il suo spirito. Tuttavia, nel buio, si accende una fiamma di speranza.

Capitolo 3: La Fuga Coraggiosa: Un giorno, Sofia raduna il coraggio di fuggire da quell'inferno. Attraverso le lacrime e le paure, inizia un viaggio per liberarsi dalle catene. Trova rifugio in un luogo sicuro, un passo audace verso la sua rinascita.

Capitolo 4: Rinascita: Lontano dall'oscurità di Marco, Sofia inizia la sua rinascita. Trova sostegno in amici e familiari, intraprendendo un percorso di guarigione emotiva. La sua resilienza diventa la forza motrice per costruire una nuova vita.

Capitolo 5: Un Nuovo Inizio: Sofia incontra Alessio, un uomo che capisce la sua storia e le offre un amore sincero. Insieme, inizia un nuovo capitolo della loro vita. Sofia scopre che può sorridere di nuovo, che la felicità è possibile.

Epilogo: Il passato di Sofia rimane parte di lei, ma non la definisce più. La sua storia è una testimonianza del potere della sopravvivenza e della possibilità di ricostruire la propria vita. Sofia ora è una donna forte, madre amorevole e simbolo di speranza.

CAPITOLO 1: LA MASCHERA DELL'AMORE

Il sole del primo giorno d'estate colorava il cielo con sfumature di rosa e arancione quando Sofia incontrò Marco per la prima volta. Era un giorno come tanti, ma per lei, quel momento segnò l'inizio di un capitolo che avrebbe scritto con lacrime e sorrisi.

Sofia, con i suoi occhi luminosi e il sorriso contagioso, si imbatté in Marco al caffè del quartiere. Le sue maniere affabili e il suo carisma la conquistarono immediatamente. Aveva un modo di parlare che sembrava sussurrare promesse di amore eterno. Nelle prime settimane, ogni momento trascorso con Marco sembrava una scena da un film romantico.

Le rose rosse e le serenate sotto la finestra creavano un'aura di magia intorno al loro amore. Marco la guardava con occhi che promettevano di proteggerla da ogni maschio. In quei primi mesi, Sofia credeva che il destino avesse tessuto per loro un amore senza fine.

Tuttavia, gli sguardi gentili e le parole dolci cominciarono a sfumare, rivelando un lato oscuro che lei non aveva mai sospettato. I primi segnali arrivano sotto forma di critiche apparentemente innocue, un modo sottile per farle sentire di non essere abbastanza. Sofia, innamorata, scelse di ignorare quei segnali, sperando che fossero solo nuvole temporanee.

Pian piano, la maschera dell'amore iniziò a sgretolarsi. Marco, il suo principe affascinante, si trasformò in un mostro che la tormentava con insulti e umiliazioni. La sua gelosia diventò una catena invisibile che la trascinava sempre più giù in un vortice di paura e dolore.Il capitolo dell'amore perfetto si trasformò in una tragica storia di abuso, ma Sofia, incatenata dalle sue emozioni e dalla paura, non poteva ancora vedere oltre le tenebre che si stavano addensando intorno a lei.

Era solo l'inizio del viaggio oscuro che avrebbe portato Sofia a scoprire la sua vera forza, ma in quel momento, nella luce del primo giorno d'estate, tutto sembrava ancora possibile, e il futuro, un libro aperto da scrivere insieme.

CAPITOLO 2: LE CATENE INVISIBILI

Il secondo capitolo della storia di Sofia si scrisse con le sfumature oscure della violenza emotiva e fisica. L'amore, che un tempo era una melodia armoniosa, si trasformò in una sinfonia di grida soffocate e lacrime nascoste.

Marco, il suo tormentatore, aveva imparato a manipolare Sofia con abilità spietata. Le sue parole taglienti, come coltelli invisibili, ferivano più delle botte. L'amore che prometteva si rivelò un inganno, un'illusione che spezzò il cuore di Sofia in mille pezzi.

Le catene invisibili dell'abuso la tenevano prigioniera. Ogni tentativo di sfuggire al suo controllo si trasformava in un incubo. Le amicizie erano soppresse, le visite della famiglia limitate. Sofia si ritrovò sola, circondata da un muro costruito con l'inganno e la paura.

La sua vita quotidiana divenne un equilibrio instabile tra il tentativo di placare la furia di Marco e la speranza che le cose migliorassero. La sua identità si dissolveva, lasciando spazio a una donna fragile e vulnerabile, riflessa negli occhi spaventati che la guardavano dallo specchio.

Le botte divennero un rituale. Marco, una tempesta di rabbia, si scagliava contro Sofia senza pietà, e lei si ritrovava a cercare rifugio nei suoi pensieri, sperando che quel momento di follia passasse in fretta. Ogni livido era una testimonianza silenziosa della sua sofferenza, marcando il suo corpo e la sua anima.

Ma nel buio, una fiamma di speranza iniziò a brillare. Sofia, pur piegata sotto il peso dell'oppressione, coltivava una forza interiore che Marco non avrebbe mai potuto spegnere completamente. Aveva iniziato a riconoscere che meritava amore e rispetto, e la sua determinazione a liberarsi da quelle catene invisibili cominciò a crescere come un seme nella terra arida.

Il capitolo delle catene invisibili era un periodo di oscurità, ma dentro Sofia cresceva una forza segreta, pronta a fiorire e illuminare il cammino verso la sua libertà.

CAPITOLO 3: LA FUGA CORAGGIOSA

Il terzo capitolo della storia di Sofia si è aperto con la decisione audace di infrangere le catene dell'abuso e intraprendere il difficile cammino verso la libertà.

Sofia aveva toccato il fondo della sua disperazione, e dentro di sé, la fiamma della resistenza ardeva più forte. In una fredda notte d'inverno, quando il vento ululava come un lamento, decise che doveva fuggire. La sua mente, una prigione emotiva per troppo tempo, aveva finalmente elaborato un piano di liberazione.

Con il cuore in gola, Sofia attende il momento giusto. Marco, avvolto nell'oscurità del sonno, giaceva accanto a lei. In silenzio, raccogliendo quel poco di coraggio rimasto, si alzò dal letto e, con passi leggeri come l'ala di una farfalla, lasciò la casa che una volta aveva chiamato "casa".

Le strade vuote sussurravano segreti di libertà mentre Sofia si allontanava da quel luogo di tormento. I suoi passi erano guidati da una forza interiore che le dava la forza di allontanarsi da ciò che l'aveva ferita così profondamente.

Trovare rifugio non è stato facile. Gli amici di Sofia, separati da anni di isolamento, erano come stelle lontane nel buio. Tuttavia, con l'aiuto di un centro di assistenza per le vittime di abusi, ha trovato un rifugio sicuro che avrebbe segnato l'inizio di una nuova fase della sua vita.

La fuga di Sofia non fu solo fisica ma anche emotiva. Superando le cicatrici visibili e invisibili, cominciò a ricostruire se stessa. Le sessioni di terapia diventarono il filo che cuciva insieme i frammenti della sua anima spezzata.

Il percorso verso la guarigione era tortuoso, ma Sofia abbracciò ogni passo con determinazione. Scoprì una forza interiore che non sapeva di possedere, un coraggio che le aprì le porte a un futuro senza il peso delle catene.

Il capitolo della fuga coraggiosa segnò il punto di svolta nella storia di Sofia. Mentre chiudeva la porta alle ombre del passato, apriva una finestra alla luce della speranza, pronta a filtrare attraverso le crepe del suo cuore ferito.

CAPITOLO 4: RINASCITA

Lontano dall'oscurità di Marco, Sofia iniziò la sua rinascita. Trovò il coraggio di rompere le catene che la tenevano prigioniera, aprendo la porta a una nuova vita ancora da scoprire.

Il primo passo fu trovare sostegno in amici e familiari che, una volta allontanati dalla sua vita, si rimersero come pilastri solidi su cui poter contare. In loro, Sofia comprensione senza giudizio, un rifugio sicuro dove la sua voce poteva finalmente essere ascoltata senza paura.

Le sessioni di terapia divennero il terreno fertile in cui piantare i semi della guarigione emotiva. Sofia affrontò i demoni del suo passato, svelando le cicatrici nascoste e imparando a riconoscerne il proprio valore. Ogni passo nel processo di rinascita era un atto di coraggio, un'opportunità di lasciarsi alle spalle il peso dell'oscurità.

La resilienza di Sofia divenne la sua forza motrice. Abbracciò la possibilità di ricostruire se stessa, affrontando le sfide con determinazione. Mentre il tempo scorreva, le ferite cominciarono a guarire, non solo superficialmente, ma anche nell'anima. Le ceneri del suo passato divennero il terreno in cui fiorirà una nuova consapevolezza di sé.

La rinascita di Sofia non fu solo un processo individuale ma un viaggio condiviso con coloro che la circondavano. Insieme, superarono gli ostacoli e celebrarono ogni piccola vittoria. La solidarietà che alimentava la sua rinascita era un tributo alla forza della comunità nel sostenere coloro che cercavano di risorgere.

Mentre il sole sorgeva su una Sofia trasformata, il suo volto rifletteva la serenità di chi ha attraversato l'oscurità e ha trovato la luce. Il capitolo della rinascita era una sinfonia di speranza, una dimostrazione tangibile del potere di trasformare il dolore in forza e la disperazione in un nuovo inizio.

Sofia, ora libera dalle catene dell'abuso, guardava avanti con occhi raggianti. Il suo cammino di rinascita era un monito che la vita, sebbene segnata da dolori passati, poteva ancora fiorire in una bellezza rinnovata. Il futuro, una volta offuscato dalle ombre, si dispiegava ora di fronte a lei come un campo di possibilità infinite. Il capitolo della rinascita di Sofia mostrerà che la forza interiore e la volontà di cambiare possono illuminare persino gli angoli più oscuri della nostra esistenza. La sua storia non era solo un racconto personale, ma una testimonianza universale della possibilità di risorgere dalle ceneri e danzare di nuovo alla luce del sole.

CAPITOLO 5: UN NUOVO INIZIO

Il quinto capitolo della storia di Sofia si dipanò come una tela dipinta con i colori brillanti dell'amore e della rinascita. Con Alessio al suo fianco, ogni giorno si trasformava in un nuovo inizio, un'opportunità di costruire una vita fondata sulla felicità e l'armonia.

Alessio, un uomo gentile e rispettoso, si rivelò essere il compagno ideale per Sofia. Con pazienza e comprensione, lui le dimostrò che l'amore vero non conosce violenza né controllo. Insieme, creiamo un ambiente di fiducia reciproca in cui entrambi possono crescere e prosperare.

Sofia e Alessio scelsero di vivere la vita al massimo, affrontando insieme le sfide che si presentavano loro. Viaggiarono, esplorarono nuovi luoghi, assaporando la libertà che avevano guadagnato con fatica. Ogni risata condivisa, ogni momento di serenità, era una conferma che la loro storia d'amore era il riflesso di una nuova alba dopo la tempesta.

Il passato di Sofia, sebbene ancora presente nei recessi della sua memoria, non aveva più il potere di definirla. Le cicatrici emotive si stavano trasformando in storie di sopravvivenza e forza interiore. Anche se i fantasmi del passato facevano capolino di tanto in tanto, Sofia li affrontava con coraggio, sapendo di avere alle spalle un amore che l'avrebbe sostenuta in ogni battaglia.

La vita di Sofia era arricchita dalla nascita di una famiglia. Con Alessio, fondò un nido d'amore in cui il rispetto reciproco e la comunicazione aperta erano i pilastri fondamentali. Quando arrivò la notizia della gravidanza di Sofia, la loro felicità non conobbe limiti. La prospettiva di genitori era il coronamento di un viaggio che li aveva portati da ombre oscure a una luce radiosa.

Il capitolo dell'un nuovo inizio testimonia la trasformazione completa di Sofia. Non era più solo una sopravvissuta, ma una donna che aveva trovato il suo posto nel mondo, circondato da amore e speranza. Il futuro, una volta temuto, ora si apriva di fronte a lei come un vasto panorama da esplorare con gioia e gratitudine. La sua storia non era solo di resilienza, ma anche di rinascita e di un amore che aveva vinto le tenebre.

EPILOGO:

L'epilogo della storia di Sofia era un ritratto di completa trasformazione, un inno alla forza dell'anima umana nel superare le avversità e rinascere nella luce della speranza.

Sofia aveva attraversato un viaggio oscuro, ma ora, sotto il cielo del rinnovamento, i raggi del sole baciavano la sua pelle, portando con sé la promessa di un futuro luminoso. Le ferite del passato erano diventate cicatrici, testimonianze silenziose della sua forza interiore.

Con Alessio al suo fianco e il suono giocoso dei loro due bambini a riempire la casa, Sofia aveva costruito una famiglia basata sull'amore e il rispetto reciproco. Ogni mattina, guardando i suoi figli, dormiva tranquillo, sentiva un senso di gratitudine per la vita che aveva ricostruito.

La sua storia, una volta racchiusa nelle ombre della violenza domestica, era ora un faro di speranza per altri che potevano trovarsi nel buio. Sofia divenne un'ambasciatrice della consapevolezza sulla violenza domestica, ispirando coloro che avevano vissuto esperienze simili a cercare aiuto ea intraprendere il cammino della guarigione.

I capitoli difficili erano diventati parte di un passato che aveva plasmato la sua forza e determinazione. Sofia aveva imparato a perdonare, non solo gli altri, ma anche se stessa, riconoscendo che la vera guarigione risiedeva nella compassione per sé e negli occhi rivolti al futuro anziché al passato.

Nella postfazione di questa storia, vorrei condividere alcune riflessioni e speranze.

La storia di Sofia è un riflesso di molte storie reali di donne e uomini che hanno vissuto l'orrore della violenza domestica.

Questo racconto, sebbene fittizio, affronta una realtà purtroppo diffusa nel mondo reale. La violenza domestica è un problema serio e diffuso che colpisce individui di tutte le età, razze, e classi sociali.

Se stai leggendo questa storia e ti trovi in una situazione simile, ti prego di comprendere che non sei solo. Ci sono risorse e organizzazioni pronte ad aiutarti. La violenza non è mai giustificata, e la tua sicurezza e il tuo benessere sono importanti.

Ricorda che la guarigione è un percorso individuale e può richiedere tempo. Trovare il coraggio di chiedere aiuto è il primo passo verso la libertà. Le tue esperienze non lasciare chi sei, ma la tua forza nel superarle sì.

A coloro che possono essere testimoni o conoscere qualcuno che potrebbe trovarsi in una situazione simile, vi esorto ad essere ascoltatori empatici ea offrire il vostro supporto. La consapevolezza e la comprensione sono fondamentali nella lotta contro la violenza domestica.

La storia di Sofia è un promemoria che, anche nelle situazioni più buie, c'è sempre la possibilità di un nuovo inizio. Spero che questa storia possa ispirare speranza e incoraggiare coloro che hanno vissuto l'oscurità a cercare la luce nascosta dentro di sé.

Insieme, possiamo lavorare per creare un mondo in cui l'amore sia sinonimo di rispetto, sicurezza e crescita personale. La luce della consapevolezza può dissipare le ombre dell'ignoranza e portare cambiamenti positivi.

Con profonda gratitudine per coloro che hanno il coraggio di condividere le proprie storie e per coloro che offrono supporto, chiudo questa storia con la speranza che possa essere una piccola aggiunta alla conversazione più ampia sulla violenza domestica e sulla guarigione.

Questa storia è dedicata a tutte le persone che hanno vissuto l'orrore della violenza domestica. La strada verso la guarigione è difficile, ma possibile. Con il sostegno e la determinazione, si può superare ogni oscurità. Se sei vittima di abusi, cerca aiuto. La tua storia può anche diventare un inno alla forza interiore e alla rinascita.

4. STORIA: RINASCITA DI UNA DONNA

__UNA STORIA DI RISCATTO SOCIALE__

Sommario capitoli

Capitolo 1: Le Radici

Era una fredda notte d'inverno quando Laura venne al mondo. Crescere senza il conforto di un padre fu un inizio difficile, ma sua madre, una donna forte e determinata, decise di affrontare la vita da sola. Laura imparò fin da piccola che la forza e la resilienza potevano superare ogni ostacolo.

Capitolo 2: Le Sfide dell'Infanzia

L'infanzia di Laura non fu facile. Sua madre lavorava duramente per mantenere la famiglia, ma la mancanza di risorse finanziarie significava che dovevano fare molte rinunce. Tuttavia, Laura imparò a valorizzare le piccole cose ea essere grata per ciò che aveva. La sua immaginazione e la sua determinazione erano in crescita ogni giorno.

Capitolo 3: Il Trionfo dell'Educazione   Nonostante le difficoltà economiche, Laura mostrerà un talento innato per gli studi. Con il sostegno della madre e la sua stessa dedizione, riuscì a ottenere una borsa di studio per il college. Lì, affrontò le sfide accademiche con determinazione, dimostrando che il successo può essere raggiunto anche dalle persone che partono da posizioni svantaggiate.

Capitolo 4: Il Primo Lavoro e le Prime Battaglie
Dopo il college, Laura si ritrova di fronte al mondo del lavoro. Nonostante il suo talento, ha incontrato discriminazioni di genere e ostacoli che avrebbero incoraggiato molti. Ma Laura non si arrese. Con tenacia, scalò la gerarchia aziendale dimostrando che il suo valore non poteva essere ignorato.

Capitolo 5: L'Amore e la Famiglia
Mentre il successo professionale di Laura cresceva, il suo cuore trova spazio per l'amore. Incontrò un compagno che la sostenne nei suoi sforzi e insieme costruirono una famiglia. Laura divenne una madre amorevole, trasmettendo ai suoi figli la stessa forza e determinazione che sua madre le aveva trasmesso.

Capitolo 6: L'Eredità della Determinazione
La vita di Laura era diventata una testimonianza di come la forza interiore e la determinazione hanno superato le sfide. Mentre invecchiava, Laura divenne una figura di ispirazione per molti, dimostrando che non importa da dove venghi o quali siano le tue radici, puoi conquistare il mondo con la giusta mentalità.

Epilogo:

Laura non solo vinse nella vita, ma la sua storia divenne un faro di speranza per coloro che affrontavano avversità simili. La sua forza, la sua resilienza e il suo amore per la vita erano un richiamo costante che anche nelle circostanze più difficili, si poteva emergere vittoriosi

1: LE RADICI

Era una notte tempestosa quando Laura venne al mondo, nella piccola cittadina di provincia di Springfield. La pioggia batteva contro i vetri dell'ospedale, mentre la madre, Maria, affrontava il travaglio da sola. Il padre di Laura, un uomo che aveva fatto solo una breve apparizione nella vita di Maria, aveva abbandonato la famiglia ancor prima che la luce del primo giorno di Laura illuminasse la stanza.

Maria, una donna dal cuore coraggioso e dalla determinazione incommensurabile, accolse sua figlia con amore e forza. La vita di Laura iniziò con una sfida, ma Maria si aggrappò al suo ruolo di madre singola con una fermezza che avrebbe ispirato la piccola Laura per tutta la vita.

La casa modesta di Maria divenne il rifugio di Laura. La madre lavorava duramente come infermiera, facendo turni lunghi per garantire un futuro migliore alla sua unica figlia. Laura cresceva imparando il valore del sacrificio e della dedizione, osservando sua madre lottare con la fatica e le difficoltà quotidiane.

Nonostante le risorse limitate, Maria si sforzò di coltivare la creatività e la curiosità di Laura. Le leggeva storie prima di dormire, la incoraggiava ad esplorare il mondo attraverso la lettura e le insegnava che l'educazione era la chiave per superare ogni ostacolo.

I primi anni di Laura furono segnati da un senso di determinazione precoce. Fin dalla scuola elementare, mostrerà una mente brillante e una volontà ferrea di apprendere. Nonostante le difficoltà finanziarie, Maria sostiene il talento di

Laura, incoraggiandola a perseguire i suoi sogni.

La scuola diventò un rifugio per Laura, un luogo in cui poteva esprimere la sua intelligenza e la sua sete di conoscenza. Le sfide della vita quotidiana non scalfirono il suo spirito, ma al contrario, lo forgiarono in acciaio. Laura imparò che il successo richiedeva fatica, ma la fatica, quando accompagnata dalla passione, poteva trasformare ogni sfida in un trampolino di lancio per il trionfo.

Così iniziò la storia di Laura, una giovane donna cresciuta tra le sfide della vita, abbracciando la forza della madre e la propria determinazione. Il suo cammino aveva appena avuto inizio, ma il suo cuore pulsava con la promessa di un futuro luminoso.

Rinascita di una donna

2: LE SFIDE DELL'INFANZIA

Gli anni trascorsero veloci per Laura, e la sua infanzia fu plasmata dalla tenacia e dalla saggezza di sua madre. Maria continuava a lavorare duramente per assicurare a Laura le opportunità che lei stessa non aveva avuto. Nonostante le lunghe ore di lavoro e le preoccupazioni finanziarie, Maria trovava il tempo di insegnare a Laura i valori fondamentali della vita: l'onestà, la gentilezza e la gratitudine.

Laura cresceva in una casa dove il lusso era una rarità, ma l'amore e l'attenzione erano abbondanti. Maria trasformava ogni momento in un'occasione per insegnare a sua figlia importanti lezioni di vita. I loro pomeriggi erano spesso dedicati a conversazioni profonde, dove Maria condivideva la sua saggezza e le esperienze di vita.

Nonostante le sfide, Laura prosperò a scuola. La sua intelligenza e la sua dedizione attirarono l'attenzione degli insegnanti, e presto divenne evidente che Laura era destinata a realizzare cose straordinarie. Maria, con orgoglio negli occhi, incoraggiava la figlia a seguire i suoi sogni, continuando l'istruzione come una chiave per aprire le porte del futuro.

Tuttavia, la vita non era solo una salita verso il successo. Laura doveva affrontare il biasimo degli altri bambini per la sua situazione familiare, ma la sua risposta era sempre un sorriso luminoso e una determinazione silenziosa. Le sfide dell'infanzia la preparavano per le battaglie che avrebbero affrontato in futuro.

All'adolescenza, Laura iniziò a lavorare part-time per contribuire alle spese della famiglia. Maria, nonostante le resistenze della figlia, insisteva sul fatto che la responsabilità e l'indipendenza

fossero essenziali per la crescita di Laura. Mentre altri giovani si divertivano, Laura imparava il valore del lavoro duro e la soddisfazione che derivava dal guadagnare con il proprio sudore.

Il capitolo dell'infanzia di Laura era un tessuto intricato di sacrifici e successi. Ogni difficoltà era un gradino che la portava più in alto, alimentando la sua determinazione e formando la base di ciò che sarebbe diventata. La strada davanti a lei era ancora lunga, ma Laura avanzava con passo sicuro, guidata dalla luce della forza interiore che aveva ereditato da sua madre.

3: IL TRIONFO DELL'EDUCAZIONE

Con il passare degli anni, Laura continuò ad eccellere negli studi. La sua dedizione e il suo impegno non conoscevano limiti. Maria, osservando la crescita della figlia, sapeva che l'educazione era la chiave per liberare il potenziale di Laura e aprire le porte di un futuro luminoso.

Grazie alle sue eccellenti prestazioni scolastiche, Laura ha ottenuto una borsa di studio per il college. Lontana dalla famiglia per la prima volta, si immerge in un mondo di conoscenze e opportunità. Nonostante le sfide di adattamento, Laura ha abbracciato il cambiamento con la stessa determinazione che aveva caratterizzato la sua infanzia.

Il college fu una fase cruciale nella vita di Laura. Si troverà a confrontarsi con nuove idee, a stringere amicizie che avrebbero lasciato un'impronta duratura ea scoprire le sue vere passioni. La sua mente brillante catturò l'attenzione dei professori, e Laura non deluse le aspettative.

Ma l'università non era solo un luogo di successi accademici; era anche un terreno fertile per la crescita personale. Laura ha sviluppato una mentalità aperta, imparando a gestire le sfide con flessibilità e a vedere ogni ostacolo come opportunità di apprendimento. La determinazione che aveva ereditato da sua madre si trasformò in un motore inarrestabile di realizzazione personale.

Durante gli anni universitari, Laura ha partecipato attivamente a progetti di volontariato e organizzazioni studentesche. Queste esperienze la hanno avvicinato a persone con background diversi, ampliando la sua comprensione del mondo e rafforzando la sua convinzione che l'empatia e l'azione positiva hanno portato cambiamenti significativi.

Il giorno della laurea fu un trionfo per Laura e per Maria, che, con orgoglio nei suoi occhi, sapeva di aver fornito a sua figlia le ali per volare alto. Laura non solo aveva superato le aspettative accademiche, ma aveva anche abbracciato l'educazione come una potente forza di trasformazione.

Il capitolo dell'educazione di Laura aveva gettato le basi per il suo futuro, dimostrando che la conoscenza e la saggezza erano armi potenti che avrebbero contribuito a plasmare il corso della sua vita. Mentre si apriva un nuovo capitolo, Laura si preparava a trasformare il suo bagaglio di esperienze in azione positiva, consapevole che il suo percorso di trionfo era appena iniziato.

4: IL PRIMO LAVORO E LE PRIME BATTAGLIE

Con il diploma universitario in mano, Laura si trova di fronte al mondo del lavoro. Era un mondo vasto e competitivo, ma la sua determinazione era inossidabile. Mentre inviava curriculum e partecipava a un colloquio, Laura si scontrò con le prime sfide del mondo professionale.

Il suo primo lavoro fu in un'azienda che, pur riconoscendo le sue capacità, era permeata da una cultura aziendale in cui il progresso sembrava riservato principalmente agli uomini. Laura si

ritrovò a dover affrontare discriminazioni di genere e stereotipi che avrebbe potuto ignorare, ma la sua indomita determinazione la spinse a combattere per l'uguaglianza.

Nonostante le difficoltà, Laura si distingue nel suo ruolo. Con abilità e intelligenza, superò le aspettative, dimostrando che il suo valore non poteva essere limitato da stereotipi obsoleti. La sua leadership emergente attirò l'attenzione dei superiori e dei colleghi, e Laura iniziò a guadagnare rispetto non solo per le sue competenze, ma anche per la sua integrità e la sua capacità di affrontare le ingiustizie.

Le battaglie nel mondo del lavoro non erano solo di natura professionale. Laura, con il suo spirito intraprendente, cercò di creare un ambiente più inclusivo, ispirando altri a seguire il suo esempio. Organizzò seminari sull'uguaglianza di genere e collaborò con il personale per promuovere un clima di lavoro che rispettasse la diversità.

Il successo di Laura non passò inosservato, ma la sua vittoria non fu solo personale. Aveva aperto la strada per altre donne nella sua azienda, dimostrando che il talento e la determinazione non conoscono confini di genere. Il suo contributo alla lotta per l'uguaglianza divenne una parte essenziale della sua storia di trionfo.

Mentre avanzava nella sua carriera, Laura imparò che il successo era spesso accompagnato dalla responsabilità. Con il cuore rivolto verso il futuro, si pone l'obiettivo di essere non solo un esempio di successo professionale, ma anche una guida per coloro che cercano di superare le sfide della discriminazione.

Il capitolo delle prime battaglie di Laura nel mondo del lavoro rappresentava una fase cruciale nella sua crescita personale e professionale. Ogni ostacolo superato non faceva che consolidare la sua reputazione di donna forte e capace, pronta a difendere ciò in cui credeva. La sua storia di trionfo stava guadagnando nuovi capitoli, ognuno scritto con la penna dell'integrità e della perseveranza.

5: L'AMORE E LA FAMIGLIA

Nel fervore della sua carriera professionale, Laura incontrò Alex, un uomo con una passione simile per la giustizia e la parità. Il loro amore crebbe gradualmente, alimentato dalla condivisione di valori e obiettivi comuni. Con il tempo, Alex divenne il suo compagno di vita, un alleato prezioso che condivideva la sua visione di un mondo in cui l'uguaglianza e la solidarietà erano le pietre angolari.

Il matrimonio di Laura e Alex fu più di una semplice unione. Fu la fusione di due anime affini, entrambe determinate a fare la differenza nel mondo. Alex sostenne Laura nelle sue battaglie professionali e condivise con lei la responsabilità di creare un ambiente familiare amorevole e solidale.

La famiglia di Laura cresce con l'arrivo dei loro figli. Mentre si destreggiava tra carriera e genitore, Laura dimostrò che la forza e l'amore potevano coesistere. I valori che aveva ereditato da sua madre si riversavano nella sua vita familiare, creando un ambiente in cui i suoi figli imparavano ad essere resilienti, altruisti e convincenti i propri sogni.

La vita di famiglia di Laura non era immune dalle sfide. Equilibrare il lavoro e la casa richiedeva uno sforzo costante, ma il suo impegno nei confronti della sua famiglia non vacillò mai. Alex si rivelò un partner straordinario, contribuendo a creare un ambiente che permetteva ad entrambi di crescere professionalmente senza sacrificare la forza del loro legame familiare.

Nel cuore della sua casa, Laura trovò ispirazione per continuare la sua missione di fare la differenza nel mondo. Il suo successo professionale, ora arricchito dall'amore della sua famiglia, ha diventò una testimonianza della potenza dell'equilibrio e della complementarità tra carriera e vita personale.

Mentre Laura e la sua famiglia ridevano insieme, imparando dagli alti e bassi della vita, il suo trionfo diventò una sinfonia di amore, resilienza e realizzazione. Il capitolo dell'amore e della famiglia era un complemento essenziale alla sua storia di successo, dimostrando che la vera ricchezza risiedeva nelle relazioni significative che aveva costruito nel corso della sua vita.

Il viaggio di Laura era ancora in corso, ma ora, con la forza dell'amore e della famiglia a guidarla, si preparava ad affrontare nuove sfide e a scrivere capitoli ancora più straordinari della sua storia di trionfo.

6: L'EREDITÀ DELLA DETERMINAZIONE

Gli anni passarono, e Laura avanzò nella sua carriera, continuando a sfidare le convenzioni ea lottare per l'uguaglianza. Il suo impegno nei confronti della giustizia sociale e della parità divenne sempre più evidente, ispirando non solo i suoi colleghi, ma anche coloro che seguivano la sua storia.

Con il tempo, Laura divenne una figura di ispirazione per molti, non solo per le sue realizzazioni professionali, ma anche per la sua dedizione al cambiamento positivo. Era richiesta per discorsi motivazionali e interviste, durante le quali condivideva la sua esperienza e diffondeva il messaggio che la determinazione poteva superare qualsiasi ostacolo.

La sua storia raggiunse persone di diverse fasce della società, dando speranza a coloro che si sentivano limitati dalle circostanze della loro nascita o dalle discriminazioni che incontravano. Laura sapeva che la sua vita era diventata una testimonianza vivente del potere della forza interiore e della resilienza.

Inoltre, Laura si dedica sempre di più all'attivismo sociale. Collaborò con organizzazioni non profit, partecipò a iniziative per l'istruzione e l'accesso alle opportunità, e continuò ad essere una voce per coloro che non potevano parlare. La sua eredità non si limitava al successo personale, ma si estendeva a un impegno duraturo a rendere il mondo un posto migliore.

Mentre l'eredità di Laura cresceva, i suoi figli crescevano con la consapevolezza che la determinazione poteva trasformare i sogni in realtà. Avevano imparato dalla madre che il successo non significava solo avanzare nella carriera, ma anche contribuire al benessere della comunità e promuovere cambiamenti significativi.

Il capitolo dell'eredità della determinazione era un punto culminante nella vita di Laura. Ha attraversato sfide, costruito una famiglia amorevole e lasciato un'impronta duratura nel mondo. Mentre rifletteva sul suo cammino, Laura sapeva che il trionfo non era solo una destinazione, ma un viaggio continuo di crescita personale e contributo alla società.

Il futuro si presentava con nuove avventure, ma Laura, con il cuore pieno di gratitudine e la mente rivolta verso nuove sfide, si preparava a continuare la sua storia di trionfo con la stessa determinazione che l'aveva guidata fin dall'inizio.Mentre il sole del tramonto colorava il cielo con sfumature calde, Laura contemplava il viaggio che aveva percorso. La sua storia era diventata un racconto di resilienza, determinazione e amore. Aveva incontrato le tempeste della vita, scalato le vette del successo e illuminato il cammino per coloro che cercavano l'ispirazione Oggi, mentre osservava i risultati del suo impegno riflessi nelle vite che aveva toccato, Laura si sentiva grata. La forza che aveva ereditato da sua madre, la dedizione che aveva portato nella sua carriera e la compassione che aveva condiviso con la sua famiglia avevano lasciato un'impronta indelebile nel tessuto della sua esistenza.

I suoi figli, cresciuti con i valori che aveva instillato, avevano intrapreso i propri percorsi di successo. La comunità che l'aveva vista crescere aveva beneficiato delle sue iniziative per il cambiamento sociale. Laura si sentiva parte di qualcosa di più grande di se stessa, una tessera di un mosaico di speranza e cambiamento.Ogni capitolo della sua vita, ogni sfida superata, aveva contribuito a costruire la donna che era diventata. L'epilogo della sua storia non era solo un momento di riflessione, ma anche un invito a coloro che leggevano a cercare la forza dentro di sé, a perseverare nonostante le avversità ea lasciare il proprio segno positivo nel mondo.

P ostfazione:
Mentre chiudiamo il libro sulla vita straordinaria di Laura, è importante ricordare che la sua storia è solo una delle tante. Ogni persona ha la propria narrativa di trionfo, un racconto unico di sfide e successi che contribuisce alla ricchezza dell'esperienza umana.

Laura rappresenta un esempio di come la determinazione possa superare le circostanze avverse. La sua vita ci insegna che il successo non è solo una misura di realizzazioni professionali, ma anche di come si sceglie di impattare il mondo intorno a sé.

Il nostro augurio è che, attraverso la lettura di questa storia, possiate trovare ispirazione nel vostro viaggio personale. Che possiate essere motivati a sostenere i vostri sogni con determinazione, a superare le sfide con coraggio e condividere amore e gentilezza lungo il percorso.

Ogni individuo ha il potenziale di trionfare, indipendentemente dalle circostanze. Che la storia di Laura sia un faro di speranza per chiunque si trovi di fronte a un'ardua salita, e che il vostro cammino sia illuminato dalla luce della vostra determinazione.

5. STORIA DONNE ALLA RICERCA DI SE

SOMMARIO:

Capitolo 1: Vite Intrecciate
Nel cuore di una metropoli pulsante, quattro donne si muovevano tra le sfide della vita moderna. Camille, una giovane avvocatessa, navigava tra il suo impegno per la giustizia sociale e le sfide di una carriera in un mondo dominato dagli uomini. Aisha, fotografata dallo spirito libero, cercava di catturare l'anima delle città, mentre lottava con i fantasmi del suo passato.

Capitolo 2: Amori e delusioni
Le loro vite si intrecciavano quando Emily, una scrittrice in erba, si ritrovava coinvolta in un intricato triangolo amoroso con Alex, un carismatico musicista, e Olivia, una psicologa determinata a superare i confini imposti dalle aspettative sociali. Mentre i loro cuori s'intrecciavano, affrontavano le sfide dell'amore moderno e le pressioni delle aspettative.

Capitolo 3: Carriere e Ambizioni
Nel frattempo, Sophia, una donna d'affari ambiziosa, combatteva per farsi strada in un mondo aziendale spesso ostile. Conquistare

il rispetto dei colleghi e gestire la sua vita personale si dimostrava un equilibrio difficile da mantenere. Le donne, unite dalla forza interiore, si sostennero una vicenda attraverso le sfide della carriera e le conquiste personali.

Capitolo 4: Rivolgimenti Inaspettati

La trama si complica quando un segreto oscuro riemerge, mettendo alla prova l'amicizia del gruppo. Ciascuna donna è costretta a confrontarsi con il proprio passato e ad affrontare le conseguenze delle scelte fatte. La solidarietà che avevano costruito diventa il fondamento su cui affrontare i demoni interiori.

Capitolo 5: Rinascite

La storia raggiunge il suo apice quando le donne competenti di abbracciare il cambiamento. Attraverso la crescita personale, l'accettazione delle debolezze e la celebrazione delle forze, si imbarcano insieme in un viaggio di rinascita. La trama intrecciata di amore, amicizia e ambizioni personali si risolve in una conclusione che celebra la forza e la resilienza delle donne moderne.

Epilogo: IL VIAGGIO CONTINUAMentre ogni donna abbraccia la sua autenticità, il gruppo si rende conto che la ricerca di sé è un viaggio senza fine. Le vite delle protagoniste si intrecciano ancora una volta, dimostrando che, anche se il destino è incerto, il loro legame indistruttibile rimarrà un faro nelle notti buie del futuro.

CAPITOLO 1: VITE INTRECCIATE

Camille si svegliò con il suono insistente della sveglia digitale che risuonava nel suo appartamento minimalista. Aveva sempre cercato di bilanciare la sua passione per la giustizia sociale con la pressione della sua carriera legale. Con un sorriso, guardando fuori dalla finestra, osservando le luci della città che iniziavano a ballare con i primi raggi del sole.

Intanto, Aisha, con la sua macchina fotografica a tracolla, si aggirava per le strade, catturando momenti di vita che la maggior parte delle persone ignorava. Aveva un modo unico di vedere il mondo, un mondo che spesso sfuggiva agli sguardi distratti della vita quotidiana.

Emily, nel suo piccolo appartamento ricoperto di fogli sparsi di appunti, cercava di dare vita alle sue storie. La scrittura era il suo rifugio, un modo per esplorare mondi diversi e dare voce ai personaggi che abitavano la sua mente.

Intanto, Sophia, nel suo ufficio con una vista panoramica sulla città, si immerge in documenti e progetti. La carriera era la sua priorità, e ogni passo avanti richiedeva sacrifici personali. Nonostante le sfide, era decisa a dimostrare che le donne potevano eccellere anche in un mondo d'affari dominato dagli uomini.

Le loro vite si incrociarono in modi imprevedibili: una riunione casuale in un caffè alla moda, un incontro durante un evento sociale. La connessione tra di loro era inevitabile, come se il destino tessesse la trama delle loro storie molto prima che loro stesse ne fossero consapevoli.

Nel corso del capitolo, le donne hanno iniziato a condividere le loro sfide e successi. Camille trovò ispirazione nella visione di Aisha, che la spingeva a combattere ancora di più per la giustizia. Emily

trasse forza dalla determinazione di Sophia nel mondo degli affari, imparando che la passione e l'ambizione potevano coesistere.

Il capitolo si chiude con le quattro donne che, inconsapevolmente, stavano già influenzandosi una vicenda. Nel cuore di una città che sembrava impersonale, avevano iniziato a creare un legame, un legame che avrebbe reso il loro viaggio alla ricerca di sé ancora più significativo.

CAPITOLO:2 AMORI E DELUSIONI

Il frenetico della città moderna continuava a muoversi intorno alle vite delle quattro donne, mentre i loro destini si intrecciavano sempre più strettamente.

Camille, con il suo impegno per la giustizia sociale, si ritrovava spesso immersa in casi legali che mettevano alla prova la sua determinazione. Lottava contro i mulini burocratici, cercando di aprire la strada per coloro che non avevano voce. Ma la sua vita professionale incrociava sempre più spesso quella di Aisha, la fotografa dallo spirito libero.

Aisha, con la sua macchina fotografica sempre pronta a catturare il cuore pulsante della città, aveva sviluppato un interesse crescente per gli eventi sociali e politici. Un giorno, durante una manifestazione a favore dei diritti civili, i loro

percorsi si incrociarono. La passione di Aisha per la documentazione visiva del cambiamento sociale si unisce all'impegno di Camille per la giustizia, creando una connessione profonda tra le due donne.

Nel frattempo, Emily si trovava invischiata in un intricato triangolo amoroso. Alex, un musicista affascinante e pieno di carisma, aveva conquistato il suo cuore, ma non riusciva a ignorare l'attrazione che provava anche per Olivia, una psicologa determinata a sfidare le norme sociali. Emily si sentiva come una nave alla deriva in un mare di emozioni contrastanti, cercando di navigare tra le aspettative del cuore e quelle della società.

Il capitolo si sviluppava attraverso flashback che svelavano il passato tormentato di Aisha. La sua arte, sebbene celebrasse la bellezza del mondo, nascondeva cicatrici profonde legate a eventi traumatici. Mentre esplorava il passato di Aisha, il capitolo toccava temi di resilienza, autoaccettazione e speranza.

Sophia, nel frattempo, affrontava le sfide del mondo degli affari. Ogni successo professionale sembrava accompagnato da sacrifici personali. La sua relazione con un collega si scontrava con l'equilibrio fragile tra vita privata e carriera. Tuttavia, la sua determinazione a conquistare il rispetto nel mondo degli affari la portava a superare ogni ostacolare.

L'intreccio di vite diventava sempre più intricato quando Emily, in un momento di debolezza, confessò il suo dilemma amoroso alle altre donne. La solidarietà che emerse tra loro divenne il fulcro che le sostenne attraverso le sfide dell'amore moderno e le pressioni delle aspettative sociali.

Il capitolo si è esteso al suo apice durante una serata decisiva. Mentre le quattro donne si ritrovavano in un caffè alla moda, le tensioni amorose si svelarono i segreti furono rivelati. La loro amicizia, messa alla prova da scelte difficili e delusioni amorose, resistette. Si abbracciarono, consapevoli che il loro legame era più forte delle sfide che stavano affrontando.

Il capitolo si conclude con un senso di crescita personale per ciascuna donna. Le esperienze condividevano fatto emergere la forza interiore di

ognuna di loro, preparandole per i capitoli successivi delle loro vite in continua evoluzione.

CAPITOLO 3: CARRIERE E AMBIZIONI

Il sole sorgeva su una nuova giornata, e con essa, le quattro donne affrontavano le sfide e le opportunità che la vita moderna aveva da offrire. Mentre le loro storie si dipanavano, il filo rosso delle ambizioni personali si intrecciava con forza.

Camille, impegnata nella sua battaglia per la giustizia sociale, si trovava ad affrontare un caso cruciale che potrebbe cambiare il destino di molte vite. La sua determinazione era incoraggiata dall'amicizia con Aisha, la cui visione fotografica catturava la realtà spesso trascurata. Le due donne si sostenevano reciprocamente, l'arte di Aisha offrendo un'ancora di speranza nei momenti più bui delle lotte di Camille.

Aisha, a sua volta, riceveva una commissione importante per una mostra fotografica che esplorava la diversità culturale nella città. Mentre cercava di catturare la bellezza e la complessità della vita urbana, Aisha si confrontava con i fantasmi del suo

passato, che minacciavano di oscurare la sua visione unica.

Emily, la scrittrice in erba, navigava attraverso il mondo dell'editoria. Dopo molte rifiuti, finalmente una casa editrice aveva mostrato interesse per il suo romanzo. Con l'entusiasmo di vedere il suo lavoro pubblicato, Emily si trovava di fronte a nuove sfide, imparando che il successo portava con sé una serie di aspettative e responsabilità.

Sophia, nel suo ufficio di vetro con vista sulla città, affrontava la pressione di dimostrare la sua competenza in un ambiente di lavoro competitivo. Una nuova opportunità di carriera si profilava all'orizzonte, ma con essa venivano anche decisioni difficili che avrebbero influenzato il suo equilibrio tra vita professionale e privata.

Il capitolo esplorava le connessioni sempre più profonde tra le donne mentre condividevano le gioie e le sfide delle loro carriere. Le scene insieme si trasformavano in forum di supporto reciproco, dove discutevano di negoziati salariali, discriminazione di genere e sfide uniche che solo donne ambiziose potevano comprendere appieno.

Intanto, Emily si troverà ad affrontare un bivio cruciale nella sua vita amorosa. La sua relazione con Alex si era intensificata, ma Olivia aveva ancora un posto nel suo cuore. Con il supporto delle sue amiche, Emily dovette prendere una decisione difficile, capendo che la vita moderna richiedeva scelte complesse e coraggiose.

Il capitolo si chiude con le quattro donne che, nonostante le sfide, affrontavano il futuro con determinazione. La loro amicizia era diventata un faro di forza, illuminando il cammino attraverso le implicazioni della vita contemporanea. Mentre intraprendevano le proprie strade, erano uniti dalla consapevolezza che, insieme, potevano affrontare qualsiasi cosa la vita avesse in serbo per loro.

CAPITOLO 4: RIVOLGIMENTI INASPETTATI

La trama della vita delle quattro donne si infittiva di tensione e rivelazioni inattese. La loro solidarietà, già messa alla prova, si svelava come il collante che avrebbe resistito alle tempeste imminenti di Camille, impegnata in un caso giuridico che avrebbe potuto cambiare il corso delle politiche sociali, si trovò di fronte a una scelta difficile. Il suo impegno per la giustizia si scontrava con le pressioni esterne, e il peso delle decisioni che doveva prendere si faceva sempre più opprimente. Aisha, con la sua visione artistica, cercava di catturare la lotta interiore di Camille attraverso la sua lente.

Nel frattempo, Emily si confrontava con le conseguenze delle sue scelte amorose. La sua relazione con Alex era fiorita, ma la presenza costante di Olivia nella sua vita aveva portato a una serie di sconvolgimenti. Mentre cercava di mettere a fuoco i suoi sentimenti, il destino sembrava tessere una trama intricata, portando a galla segreti e verità dolorose.

Donne alla ricerca di se

Sophia, nel suo ambiente aziendale, si trovava di fronte a una sfida imprevista. Un collega ambizioso cercava di minare il suo successo, mettendo alla prova la sua determinazione e la sua abilità nel navigare nelle acque tumultuose del mondo degli affari. La sua relazione con le altre donne diveniva ancor più essenziale, offrendo un rifugio sicuro in mezzo alla tempesta.

Il capitolo si apre su una serata di confidenze e rivelazioni. Le quattro donne, riunite in un appartamento accogliente, si confrontarono con le proprie paure e ambizioni. La rivelazione di un segreto oscuro da parte di una di loro scuoteva le fondamenta del gruppo, mettendo alla prova la forza della loro amicizia.

Con il passare del tempo, la verità emergente costrinse le donne a confrontarsi con i loro demoni interiori. La solidarietà che avevano costruito si dimostrò essere la chiave per superare le sfide. Insieme, affrontarono il passato doloroso e si spinsero verso un futuro più chiaro.

Il capitolo si chiudeva con una nota di speranza, mentre le quattro donne si preparavano a un nuovo capitolo delle loro vite. Avevano imparato che la forza delle donne risiedeva nella capacità di sostenersi una vicenda attraverso i momenti difficili. Mentre si guardavano negli occhi, sapevano che il loro legame era indissolubile, pronto a resistere a qualsiasi tempesta che la vita avesse in serbo.

Capitolo:5 le Rinascite

Il sole sorgeva su una città che sembrava risplendere di una nuova luce, simbolo dei cambiamenti imminenti nella vita delle quattro donne. Mentre la trama delle loro storie si dipanava, il tema della rinascita emergeva come un filo conduttore.

Camille, dopo aver affrontato le pressioni del suo caso giuridico, si ritrovava a dover bilanciare la sua passione per la giustizia sociale con la necessità di prendersi cura di se stessa. Il suo impegno incrollabile la guidava, ma ora con una consapevolezza rinnovata della necessità di trovare un equilibrio tra le richieste del mondo esterno e le esigenze del suo cuore.

Aisha, immersa nella sua mostra fotografica che esplorava la diversità culturale, si confrontava con la sua stessa diversità interiore. Le foto, al di là di essere solo uno specchio del mondo, diventavano un veicolo per esplorare la sua identità e abbracciare i riflessi del suo passato e del presente.

Emily, dopo le sfide amorose, trovò ispirazione nella resilienza delle sue amiche. Si immerge nel suo

lavoro di scrittrice con rinnovato vigore, utilizzando le esperienze condivise come fonte di creatività. Il suo romanzo, una narrazione intricata di amore e crescita personale, si sviluppò come un omaggio al potere trasformante dell'amicizia femminile.

Sophia, nel suo percorso aziendale, affrontava la sfida di difendere la sua integrità contro gli intrighi di colleghi invidiosi. Con la determinazione di non compromettere i suoi valori, Sophia navigava con astuzia attraverso le complessità dell'ambiente aziendale, dimostrando che la forza poteva manifestarsi in molte forme.

Il capitolo esplorava i legami sempre più forti tra le quattro donne. Affrontando i loro demoni interiori, imparavano a celebrare le loro debolezze e abbracciare le loro forze. Attraverso il supporto reciproco, ciascuna donna si sentiva incoraggiata a convincere la propria autenticità.

L'apice del capitolo si è manifestato durante una serata di celebrazione e riflessione. Le quattro donne si riuniscono in un luogo significativo per ognuna di loro, simbolo di rinascita e crescita. Rimasero sedute

in silenzio, contemplando il percorso che avevano percorso insieme.

Il capitolo si chiude con un senso di conclusione e apertura. Mentre ognuna di loro si dirigeva verso nuovi orizzonti, sapevano che il loro legame non sarebbe mai svanito. L'amicizia, la solidarietà e la consapevolezza acquisite durante la loro ricerca di sé rimanevano un faro luminoso nelle notti oscure del futuro. Con la promessa di nuove avventure, le quattro donne abbracciarono la vita con il cuore aperto, pronte ad affrontare ciò che venne dopo.

6. STORIA:IL RISPETTO DELLA DONNA

Un'Analisi Socio-Culturale e Giuridica

Sommario:

Capitolo 1: Fondamenti Teorici del Rispetto della Donna

1.1 Concetto di rispetto: Definizione e contesto. 1.2 Uguaglianza di genere: Storia e attuali sfide. 1.3 Stereotipi di genere: Implicazioni sul rispetto della donna. 1.4 Empowerment femminile: L'importanza dell'indipendenza e della partecipazione attiva delle donne nella società.

Capitolo 2: Aspetti Socio-Culturali del Rispetto della Donna

2.1 Ruolo delle donne nella storia: Un'analisi delle trasformazioni sociali. 2.2 Media e rappresentazione femminile: Impatti sulla percezione sociale. 2.3 Educazione di genere: Il ruolo dell'istruzione nella promozione del rispetto. 2.4 Cultura e tradizioni: Come influenzano sulle dinamiche di rispetto.

Capitolo 3: Leggi e Protezioni Giuridiche per il Rispetto della Donna

3.1 Dichiarazioni internazionali dei diritti umani: Garanzie di base. 3.2 Leggi nazionali: Uno sguardo alle legislazioni che promuovono l'uguaglianza di genere. 3.3 Protezioni sul lavoro: Discriminazioni di genere e violazione dei diritti. 3.4 Strumenti

legali per la lotta alla violenza di genere.

Capitolo 4: Sfide contemporanee e prospettive future

4.1 Violenza di genere: Analisi dei fenomeni attuali e strategie di prevenzione. 4.2 Discriminazioni sottili: razzismi e stereotipi nella vita quotidiana. 4.3 Tecnologia e rispetto della donna: Impatti delle nuove tecnologie sulla sicurezza e la privacy.

Un'analisi approfondita del rispetto della donna evidenzia la necessità di un approccio integrato che combini cambiamenti culturali, politiche legislative e azioni individuali. Solo affrontando le radici profonde delle disuguaglianze di genere sarà possibile costruire una società in cui la donna sia rispettata in ogni contesto. La sfida per il rispetto della donna è una responsabilità collettiva che richiede un impegno continuo da parte di tutti i settori della società.Introduzione: Il rispetto della donna è un tema centrale nell'odierna società globale, in cui si cerca di promuovere l'uguaglianza di genere e contrastare le discriminazioni basate sul sesso. Questa tesi si propone di esaminare il concetto di rispetto della donna da un'ampia prospettiva, integrando aspetti socio-culturali e giuridici per comprendere appieno la complessità di questa problematica.

1.FONDAMENTI TEORICI DEL RISPETTO

1.1 definizione e contesto: Il rispetto costituisce il pilastro fondamentale di ogni società equa e inclusiva, e il suo ruolo cruciale nell'ambito delle relazioni di genere non può essere sottovalutato. Affrontare il concetto di rispetto in relazione alla donna implica una riflessione approfondita su come questo concetto sia definito e vissuto in contesti socio-culturali vari.

Il rispetto, nella sua accettazione più ampia, implica il riconoscimento e la considerazione delle esigenze, dei diritti e della dignità di un individuo. Nel contesto delle relazioni di genere, questo concetto si amplifica, poiché le donne spesso affrontano sfide uniche legate a stereotipi, pregiudizi e discriminazioni basate sul loro sesso. Il rispetto della donna, quindi, va oltre la cortesia superficiale; richiede una comprensione profonda delle dinamiche di potere e delle disuguaglianze che persistono nella società.

1.2 UGUAGLIANZA DI GENERE: STORIA E ATTUALI SFIDE

L'uguaglianza di genere è un obiettivo universale e un prerequisito per un rispetto autentico della donna. Esaminare la storia dell'uguaglianza di genere offre una prospettiva chiara sulle conquiste ottenute e sulle sfide ancora da affrontare. Dal movimento per i diritti delle donne del XIX secolo alle lotte contemporanee per la parità salariale, emergono fili conduttori di una battaglia costante per il riconoscimento dei diritti delle donne.

Tuttavia, nonostante i progressi, molte sfide persistono. Le disuguaglianze retributive, l'accesso limitato alle opportunità di carriera e la sotto rappresentazione nelle posizioni decisionali continuano a minare gli sforzi per l'uguaglianza. L'analisi di queste sfide è essenziale per formulare strategie mirate a promuovere un rispetto autentico e una parità di opportunità per tutte le donne.

1.3 STEREOTIPI DI GENERE: IMPLICAZIONI SUL RISPETTO DELLA DONNA

I pregiudizi e gli stereotipi di genere influenzano profondamente la percezione della donna nella società. Questi stereotipi non solo limitano le scelte e le aspettative delle donne, ma contribuiscono anche a una cultura che talvolta giustifica comportamenti irrispettosi. L'esame critico di come tali stereotipi si radicano nella società è fondamentale per smantellare le barriere che ostacolano il pieno rispetto della donna.Capitolo

2 .ASPETTI SOCIOCULTURALI DELLA DONNA

2.1 RUOLO DELLE DONNE NELLA STORIA: UN'ANALISI DELLE TRASFORMAZIONI SOCIALI

Il ruolo delle donne nella storia riflette le dinamiche mutevoli delle società nel corso del tempo. Esaminare le trasformazioni sociali è essenziale per comprendere come le donne siano state percepite e trattate in contesti diversi. Dai movimenti per i diritti civili alle lotte femministe, la storia offre un quadro ricco di cambiamenti e progressi. Tuttavia, essa rivela anche come molte società hanno ancora una strada da percorrere per garantire un rispetto pieno e paritario per le donne.

2.2 MEDIA E RAPPRESENTAZIONE FEMMINILE: IMPATTI SULLA PERCEZIONE SOCIALE

I media svolgono un ruolo cruciale nella costruzione dell'immagine delle donne nella società. La rappresentazione delle donne nei mezzi di comunicazione, dai film e programmi televisivi alla

Il Rispetto della Donna

pubblicità, può contribuire a perpetuare stereotipi dannosi. Un'analisi critica di come le donne vengono ritratte nei media e delle conseguenze di tali rappresentazioni sulla percezione sociale è

fondamentale per comprendere come queste influenzano il rispetto nei confronti delle donne.

2.3 EDUCAZIONE DI GENERE: IL RUOLO DELL'ISTRUZIONE NELLA PROMOZIONE DEL RISPETTO

L'educazione svolge un ruolo cruciale nella formazione delle mentalità e nel plasmare le prospettive delle nuove generazioni. Esaminare il ruolo dell'istruzione di genere è fondamentale per comprendere come insegnamenti inclusivi e rispettosi possiamo contribuire a cambiare atteggiamenti e comportamenti. Inoltre, esplorare le disparità di genere nell'accesso all'istruzione e nell'ambito accademico offre spunti per intervenire e promuovere un ambiente educativo rispettoso e paritario.

2.4 CULTURA E TRADIZIONI: COME INFLUISCONO SULLE DINAMICHE DI RISPETTO

Le culture e le tradizioni svolgono un ruolo significativo nella formazione delle norme sociali. Tuttavia, alcune pratiche culturali possono perpetuare disuguaglianze di genere e comportamenti non rispettosi. Esaminare come le culture e le tradizioni influiscano sulle dinamiche di rispetto permette di identificare aree in cui è necessario intervenire per promuovere una cultura del rispetto per tutte le donne, indipendentemente dalla loro provenienza culturale.

3.LEGGI E PROTEZIONI GIURIDICHE PER IL RISPETTO DELLA DONNA

3.1 DICHIARAZIONI INTERNAZIONALI DEI DIRITTI UMANI:

Garanzie di BaseIl rispetto della donna a livello legale trova fondamento nelle dichiarazioni internazionali dei diritti umani. Un'analisi delle principali convenzioni, come la Dichiarazione Universale dei Diritti Umani e la Convenzione sull'Eliminazione di Tutte le Forme di Discriminazione nei confronti delle Donne (CEDAW), evidenziando l'impegno globale per garantire i diritti e il rispetto delle donne. Questi documenti forniscono un quadro normativo essenziale che orienta le legislazioni nazionali e le politiche volte a promuovere l'uguaglianza di genere.

3.2 LEGGI NAZIONALI: UNO SGUARDO ALLE LEGISLAZIONI CHE PROMUOVONO L'UGUAGLIANZA DI GENERE

Le leggi nazionali svolgono un ruolo cruciale nell'assicurare il rispetto della donna all'interno di un contesto specifico. Un'analisi approfondita delle legislazioni nazionali rivela le differenze e le similitudini nelle protezioni offerte alle donne in vari paesi. L'esame delle leggi sull'uguaglianza di genere, la prevenzione della violenza domestica e altre misure protettive offre un quadro completo delle basi legali per il rispetto delle donne.

3.3 PROTEZIONI SUL LAVORO: DISCRIMINAZIONI DI GENERE E VIOLAZIONI DEI DIRITTI

Il luogo di lavoro è un contesto critico in cui le donne devono essere garantite pari opportunità e trattamento rispettoso. Un'analisi delle leggi sul lavoro che mirano a prevenire la discriminazione di genere, garantire la parità salariale e proteggere le donne dalla discriminazione durante la gravidanza e la maternità, fornisce un'immagine dettagliata delle misure giuridiche che dovrebbero promuovere un ambiente lavorativo equo e rispettoso.

3.4 STRUMENTI LEGALI I PER LA LOTTA ALLA VIOLENZA DI GENERE

La violenza di genere rappresenta una delle sfide più gravi per il rispetto delle donne. Esaminare gli strumenti legali dedicati alla prevenzione e alla punizione di tali violazioni offre una panoramica delle risposte giuridiche alle forme di abuso, stalking e violenza domestica. Analizzare la legislazione sui centri di assistenza e sulle misure protettive per le vittime di violenza di genere contribuisce a valutare l'efficacia delle risposte legali esistenti.

Il Rispetto della Donna

4.SFIDE CONTEMPORANEE E PROSPETTIVE FUTURO

4.1 VIOLENZA DI GENERE: ANALISI DEI FENOMENI ATTUALI E STRATEGIE DI PREVENZIONE

La violenza di genere persiste come una delle sfide più gravi nella promozione del rispetto delle donne. Un'analisi approfondita dei dati attuali e delle tendenze legate alla violenza domestica, allo stalking e agli abusi sessuali permette di comprendere la portata del problema. Esplorare le strategie di prevenzione, compresi i programmi educativi e le campagne di sensibilizzazione, offre prospettive sulla promozione di comunità sicure e rispettose.

4.2 DISCRIMINAZIONI SOTTILI: RAZZISMI E STEREOTIPI NELLA VITA QUOTIDIANA

Oltre alle manifestazioni evidenti di discriminazione, è fondamentale esaminare le forme più sottili di disprezzo e pregiudizio che possono permeare la vita quotidiana. L'analisi dei microrazzismi, stereotipi subdoli e atteggiamenti impliciti contribuisce a rivelare le radici profonde delle disuguaglianze di genere. Lo studio di queste sottili dinamiche è essenziale per sviluppare strategie mirate che sfidino gli atteggiamenti impliciti e promuovano un rispetto genuino.

4.3 TECNOLOGIA E RISPETTO DELLA DONNA: IMPATTI DELLE NUOVE TECNOLOGIE SULLA SICUREZZA E LA PRIVACY

Le nuove tecnologie, sebbene abbiano il potenziale di promuovere il progresso, possono anche presentare minacce alla sicurezza e al rispetto delle donne. Un'analisi critica degli impatti delle tecnologie digitali sulla privacy e sulla sicurezza delle donne, compresi i fenomeni come il cyberbullismo e la diffusione non consensuale di immagini intime, fornisce una chiara visione delle sfide emergenti. Esplorare le iniziative legislative e tecnologiche per contrastare tali minacce è cruciale per garantire un ambiente online sicuro e rispettoso.

Conclusioni: Un Impegno Collettivo per il Rispetto della Donna

In conclusione, il rispetto della donna è un obiettivo che richiede un impegno collettivo da parte della società, delle istituzioni e degli individui. Attraverso un approccio integrato che abbracci cambiamenti culturali, politiche legislative e azioni quotidiane, è possibile costruire una società in cui tutte le donne siano rispettate, valorizzate e libere da discriminazioni. La sfida per il rispetto della donna è una responsabilità condivisa, e solo un impegno continuo può apportare una trasformazione significativa verso un mondo più equo e rispetto .

Consapevole di non aver scritto un capolavoro, il libro e' un modo per dare il mio contributo a questa causa. Ho scritto in modo semplice e alla portata di tutti 6 storie da leggere tutte dun fiato ,io dal mio canto mi impegno a mantener le promesse che ho scritto all'inzio del libro e cioe' di devolvere una parte del ricavato (escluso le spese per la pubblicazione e distribuzione) ad un ente benefico onlus che si occupa appunto di aiutare tutte quelle donne in difficolta' anche con figli piccoli che sono perseguitate dagli ex compagni.

Come sappiamo purtroppo queste storie sono all'ordine del giorno in tutto il mondo, le vediamo tutti i giorni sulla tv e sui gionali , Questi uomini rendono la vita di queste donne un inferno.

Un appello! Facciamo ognuno la nostra parte .

GRAZIE.